FRED WOLLNER

Duftender Rauch für die Seele

Buch

Die Kunst des Räucherns wird von alters her im Rahmen von religiösen Zeremonien, aber auch medizinischen Behandlungen geübt. Im Zuge der Neubesinnung auf ganzheitliche Heilverfahren und feinstoffliche Therapien erlebt das Räuchern mit wohlduftenden Harzen, Kräutern und Hölzern derzeit eine Renaissance.

Autor

Fred Wollner beschäftigt sich seit rund zwanzig Jahren mit der Kunst des Zusammenstellens und des Einsatzes von Räucherwerk. Seine Kenntnisse und Erfahrungen dazu sammelte er in den verschiedensten Kulturen der Welt.

Er hält Vorträge und Seminare und vertreibt auch selbst Räucherwerk und Zubehör.

FRED WOLLNER

DUFTENDER RAUCH FÜR DIE SEELE

Vom praktischen Umgang mit Räucherwerk

GOLDMANN

Originalausgabe

Umwelthinweis:
Alle bedruckten Materialien dieses Taschenbuches
sind chlorfrei und umweltschonend.

Der Goldmann Verlag
ist ein Unternehmen der Verlagsgruppe Bertelsmann

Originalausgabe Februar 1998

Umschlaggestaltung: Design Team München
Druck: Presse-Druck Augsburg
Verlagsnummer: 13255
Lektorat: Olivia Baerend
Redaktion: Annette Gillich
Fotos: Günther Cyffka
Herstellung/DTP: Martin Strohkendl
Made in Germany
ISBN 3-442-13255-X

1 3 5 7 9 10 8 6 4 2

Ich widme dieses Buch
in Liebe meinem Vater, der mich
in einem kritischen Geist erzogen hat,
meiner Freundin Ingrid, die mir immer
mit Rat und Tat zur Seite steht,
meinen Kindern und meinen
spirituellen Lehrern.

Inhalt

Vorwort

Schon in meiner Jugend war ich fasziniert von Räucherwerken.

Ich war Leistungssportler, und da half mir das Räuchern, den Streß dieser auf Erfolg ausgerichteten Aktivität etwas aufzulockern.

In freien Stunden ein Räucherstäbchen anzuzünden, ruhig dazusitzen und den feinen Räucherschwaden bei ihrem Tanz der Auflösung zuzusehen, machte es mir leichter, den Erfolgsdruck und meine Sorgen und Probleme zu bewältigen.

Das Räuchern war für mich wie ein Wegweiser in eine andere Welt, in der eine andächtige Harmonie herrschte, die alle Belastungen meiner Seele aufzulösen vermochte.

Auf meinen Reisen nach Japan, China und Indien lernte ich später die verschiedenen Arten von Räucherwerken kennen und die besonderen Anlässe, zu denen dort geräuchert wurde.

Geheimnisvoll und unergründlich ist das Räuchern für mich bis heute geblieben. Und doch ist es etwas Reales, wenn sich durch ein abgebranntes Räucherwerk in unseren Räumen, in unserem Garten oder in uns selbst eine friedvolle Atmosphäre entwickelt.

Diese schwer zu beschreibende Wirkung, die ein Räucherwerk auf sein Umfeld ausübt, war es, die mich bewogen hat, dieses Buch zu schreiben. Aus der Kindheit ist oft die eher negative Erinnerung an den heftigen Weihrauch in der Kirche am Sonntag geblieben, wo wir lieber gespielt oder geschlafen hätten als zu beten.

In der Zeit der »Blumenkinder« waren es dann die synthetisch parfümierten Räucherstäbchen aus Indien, die einen nicht so guten Eindruck hinterließen.

Tatsache ist, daß viele von uns nicht unvoreingenommen an das Thema Räuchern herangehen können, da sie keine guten Erfahrungen damit gemacht haben.

Dabei wurden zur Zeit der Ägypter manche Räucherzutaten teurer gehandelt als Gold. Und auch heute räuchern in vielen Teilen der Welt (vor allem in Asien) noch täglich Millionen von Menschen. Angesichts dessen fragt sich der Unkundige: *Warum tun die das? Was hat Räuchern mit uns aufgeklärten Menschen in Europa zu tun? Wofür sollte ich denn räuchern?*

Diese Fragen möchte ich auf den folgenden Seiten beantworten. – Vielleicht fühlen auch Sie sich von der einen oder anderen Räucheranwendung angezogen, probieren es einmal aus und werden davon so begeistert sein, wie ich es bin.

Räuchern – so alt wie die Menschheit

Wer von uns ist nicht fasziniert von einem prasselnden Feuer im Kamin oder in der Natur am Abend?

Wenn der würzige Duft der verbrennenden Hölzer die Atmosphäre erfüllt, entsteht eine ganz besondere Stimmung, die alle Anwesenden miteinander verbindet.

Das Feuer begleitet die Menschen auf ihrem Weg durch die Geschichte auf dieser Erde – und mit dem Feuer auch der Rauch ...

Räucherwerke sind die frühesten duftenden Substanzen, die der Mensch kultivierte. Man beduftete in alten Zeiten Kleidungsstücke oder Haare, indem man sie über ein edles Räucherwerk hielt. Auch Krankheiten wurden durch Inhalation von Räucherwerken behandelt.

Übriggeblieben ist heute davon nur noch der Name Parfum: »per fumam« bedeutet »durch den Rauch«. Aber ursprünglich war dieser duftende Rauch nicht allein für den Menschen als Duft oder als Heilmittel bestimmt.

Man verwendete Räucherwerk – in allen alten Kulturen gleichermaßen – hauptsächlich als Opfergabe für die Götter, um sie gnädig, milde und uns Menschen wohlgesonnen zu stimmen.

Mit diesem antiken Götterbild und einem Räucheropfer können wir modernen Menschen oft nicht mehr viel anfangen, denn wir haben heute andere Götter:

Die Wissenschaft, die Technik und uns selbst.

Und wir haben auch andere Räucherrituale:

Rauch von Autos, Industrieanlagen und Zigaretten.

Manchmal – in stillen Stunden oder Momenten – überkommt uns eine Wehmut nach einer Zeit, in der wir noch eingebunden waren in die Welt und noch staunen konnten über die kleinen Wunder überall um uns. Vielleicht entsteht in uns dann sogar ein unbestimmtes Gefühl der Dankbarkeit für unser Leben oder diesen Moment.

Dann könnten wir einmal auf traditionelle Weise ein Räucherwerk entfachen und uns von ihm entführen lassen in seine uralte Welt der Geheimnisse des Werdens und des Vergehens.

Am Prinzip des Lebens und Sterbens hat sich im wesentlichen in all den Jahrtausenden nichts geändert. Egal, ob wir reich sind oder arm, beliebt oder verachtet – nichts ist in dieser Welt beständig, und damit gibt es auch keine Sicherheit im materiellen Sein. Genau dieses Vergehen und Auflösen ist eine der wesentlichen Symbolkräfte, die uns ein achtsam entfachtes Räucherwerk vermitteln kann. Das Thema Räuchern wird häufig sehr wissenschaftlich abgehandelt. Doch das, was einer Räucherung seine Kraft verleiht, ist absolut unwissenschaftlich. Denn es ist ein ganz persönliches, intimes Erleben für uns. Räuchern ist für mich ein wichtiges Hilfsmittel, um Religion im Sinn des Wortes zu erleben: Die Wiedervereinigung mit dem großen Unaussprechlichen, dem Ungreifbaren und doch so Realen …

Um allen Interessierten einen direkten und persönlichen Einstieg in die geheimnisvolle und spannende Praxis mit Räucherwerken zu erleichtern, habe ich dieses kleine Buch verfaßt mit Angaben über wichtiges Zubehör, verschiedene Räuchertechniken und vielen Rezepten und Anregungen. Ich hoffe, daß auch Sie dadurch Ihren Weg zum Räuchern finden, und wünsche Ihnen viele anregende und inspirierende Erlebnisse dabei!

Warum heute räuchern?

Um uns an diese Frage heranzutasten, müssen wir erst betrachten, worin der Sinn und Wert des Räucherns liegt.

Traditionell wurde in ziemlich allen Kulturen und Religionen in erster Linie geräuchert, um Gott, Buddha, Brahma, den Göttern, Geistern, Ahnen, Engeln etc. ein Opfer darzubringen oder um mit ihnen zu kommunizieren.

Man rief damit also Wesen oder Wesenheiten an, die nicht im Rahmen unserer üblichen materiellen Wahrnehmung erfaßbar oder erklärbar sind. Das Mysterium von Leben und Tod, vom Werden, Wandel und Sinn unseres Daseins war zu allen Zeiten verborgen hinter dem Schleier unseres begrenzten Verstehens. Hinter unseren Wünschen, Vorstellungen, Ängsten und Illusionen! Genau diesen Schleier versinnbildlicht der Rauch, der in geschwungenen Bahnen aus dem Räuchergefäß emporsteigt, bis er sich im Nichts auflöst.

Zu opfern war eine Geste der Dankbarkeit und Demut, die dem großen und unerklärlichen Wirken in und um uns dargebracht wurde. Der Opfergedanke mag heute nicht mehr sehr populär sein und Dankbarkeit ein Begriff, der in unseren Herzen nichts mehr bewegt, aber täte uns nicht allen ein wenig Besinnung in dieser rastlosen Welt ganz gut?

Man könnte sagen, daß in der stillen Besinnung der größte Wert des Räucherns für unsere Zeit liegt. Denn Räuchern ist nicht zweckgebunden. Wir verfolgen so viele Ziele und Wünsche, daß uns oft der Sinn, der unser Leben trägt, unmerklich abhanden kommt.

Wenn uns dann – in einigen Momenten – diese Tatsache

bewußt wird, unterdrücken wir sie meistens sofort, indem wir uns ablenken (durch Fernsehen, Sport, Smalltalk, Lesen, Arbeiten ...) oder mit allen möglichen Mitteln betäuben (Alkohol, Süßigkeiten, Drogen ...). Es geht dabei nicht um religiöse Bekenntnisse, die wir schnell aussprechen, um alles wieder ins Lot zu bringen, da dies nur ein weiteres Ablenkungsmanöver von den wesentlichen Fragen unseres Lebens ist: *Was macht Sinn? Was bedeutet mein Leben? Was ist für mich Glück?*

Genau hier kann uns das Räuchern, egal ob wir gläubig, bekennend oder ungläubig sind, ein treuer Freund und Helfer sein.

Denn der Sinn des Räucherns liegt in der Besinnung. Es erfüllt keinen materiellen Zweck und hat auch keine mit normalen Geräten meßbare Wirkung auf uns. Und doch kann sich jeder von der Kraft eines Räucherrituals überzeugen, wenn er es still für sich selbst oder mit Gleichgesinnten durchführt. Das Räuchern selbst, das Aufstellen, Anzünden, Beobachten ist eine Handlung, die uns, wenn wir sie achtsam ausführen, ein Schlüssel sein kann für die noch unentdeckten transzendenten Ebenen unseres Seins. Die Chinesen nennen diesen Akt »wengxiang«, das bedeutet, »dem Räucherwerk lauschen«.

Da beim Räuchern der Auflösungsprozeß der meist pflanzlichen Stoffe direkt vor unseren Augen vonstatten geht, entsteht dabei eine ganz andere Atmosphäre als bei der Verdampfung von ätherischen Ölen in einer Duftlampe.

Räuchern ist ein beschleunigter, alchimistischer Prozeß, bei dem die Lebensbausteine (Harze, Hölzer, Kräuter, Wurzeln ...) sofort in die drei Grundsubstanzen Körper (Asche), Seele (Duft) sowie Geist (Licht bzw. Glut) zusammen mit Rauch – dem Symbol der Vergänglichkeit und Transzendenz – zerlegt werden.

Dieser energetische Vorgang hat zusammen mit den duftenden Prinzipien der ausgesuchten Räucherstoffe eine ganz besondere Wirkung auf uns und die Umgebung, in der das Räucherwerk abbrennt.

Es kommt dabei nicht nur auf die verwendeten Substanzen an, sondern auch auf unsere Einstellung, mit der wir das Räucherritual durchführen.

Bei regelmäßiger Durchführung werden wir bald merken, daß es uns leichter fällt, all den angesammelten seelischen Ballast im Rauch loszulassen und in den dunklen Ecken unserer Persönlichkeit ein wenig aufzuräumen.

Dazu kann man seine Achtsamkeit während des Räucherns auf verschiedene Themen unseres materiellen, seelischen oder geistigen Lebens lenken, um festzustellen, wie ausgeglichen wir dem jeweiligen Aspekt entgegentreten. Denn erst wenn wir unsere Konflikte, Unsicherheiten und Sorgen betrachten, können wir sinnvoll mit ihnen umgehen.

Wir beklagen uns oft, daß wir in einer gottlosen oder geistlosen Zeit leben. Das stimmt nur, solange wir uns selbst diesem Thema nicht widmen und darauf warten, daß unsere Umwelt uns geistvoller begegnet oder daß uns diese wesentlichen Seins-Qualitäten durch unsere trivialen, modernen Medien vermittelt werden. Haben wir irgendwo in unseren Wohn- und Lebensräumen auch einen Platz für den Geist (Gott, Buddha ...) reserviert? Oder verbannen wir den Geist in die heiligen Bücher, die Kirchen, Meditationsräume und Tempel?

Schon ein kleiner Platz (früher nannte man dies einen Altar) zwischen all unseren Büchern, Fernsehern, Computern, Radios etc., reserviert für das Unfaßbare, wird uns eine ganz neue Beziehung zu diesem Thema verschaffen. Das regelmäßige Räuchern an diesem Platz kann uns immer wieder daran erinnern, daß es eben auch noch mehr gibt als unser normales, materielles Leben.

Hier können wir von Zeit zu Zeit ganz einfach und ohne

großen Aufwand all unsere Sorgen, Wünsche, Ängste oder auch Freuden der stillen Besinnung opfern, um wieder einen Freiraum zu schaffen für neue Erlebnisse und Erkenntnisse.

Fassen wir also zusammen: Das Räuchern bringt zwar keinen direkt ersichtlichen, wissenschaftlich meßbaren Vorteil, aber richtig angewendet, kann es uns sehr hilfreich bei unserer seelisch-geistigen Entwicklung sein.

Natürlich bietet das Räuchern auch einige praktische Vorteile, die ich in den folgenden Kapiteln näher erläutern möchte.

Räuchern im täglichen Leben

Räucherwerke werden oftmals als berauschende Drogen beschrieben und von einigen dafür geliebt und von vielen dafür geächtet. Aber diese (einseitige) Bewertung wird den vielfältigen Wirkungen, die Räucherwerke auf uns haben können, in keiner Weise gerecht. Tatsächlich gibt es nur einige wenige Räucherstoffe, die eine nachgewiesene halluzinogene Wirkung haben, z. B. Hanf, Opium, Coca und Stechapfel ...

Die weitaus wichtigere psychische Reaktion dürfte durch die verschiedenen Düfte ausgelöst werden, die sich beim Verglimmen eines Räucherstoffes zusammen mit dem Rauch (der auch einen signifikanten Duft hat) entfalten. Das wirklich Entscheidende beim Räuchern sind jedoch unsere eigene Achtsamkeit, unsere Einstellung und unsere Erwartungen.

Viele Menschen, die heute irgendwelche Drogen nehmen, erwarten sich davon eine schnelle und leicht konsumierbare Erleichterung oder Entspannung von Alltagsproblemen.

Oder – bei härteren Drogen – ein Entfliehen in normalerweise nicht leicht erlebbare Bewußtseinszustände. Dem liegt ein für die heutige Zeit typisches Konsumdenken zugrunde. Wir wollen unsere Wünsche und Bedürfnisse möglichst alle und mit möglichst wenig Aufwand erfüllen – ob es sich um materielle oder geistige Bedürfnisse handelt. Doch der Geist ist ein Sein, man kann ihn nicht besitzen. Je mehr man nach ihm greift, um so mehr zieht er sich von uns zurück.

Es braucht Zeit und Ruhe, sich ihm zu nähern. Zum Beispiel sich einfach hinzusetzen, ein Räucherwerk zu entfachen und dem Weg der weißen Rauchschwaden zu folgen. Leider ist in unserer bis zur Besinnungslosigkeit sinnlichen Welt ein Weg der Stille und der Konfrontation mit dem eigenen Wesen nicht sehr gefragt.

Aber genau das ist der »Weg des Räucherns«: Stille, Besinnung und Religiosität im wahren Sinn. Haben wir diese Qualitäten heute wegrationalisiert?

Ich glaube nicht. Wir haben sie nur verdrängt, beiseite geschoben wie Kinder, weil unsere Spielsachen technischer und wissenschaftlicher Art soviel Spaß und Lärm machen. Aber ich denke, daß in jedem von uns eine kleinere oder größere Flamme der Sehnsucht brennt, über die engen Grenzen unserer modernen, oberflächlichen und schnellebigen (d. h. auch schnell vergänglichen) Welt hinauszugehen, in eine Welt der Tiefe und der Beständigkeit.

Ein Anfang könnte sein, in unserem Wohnraum einen kleinen Platz für die Stille und Besinnung zu reservieren. Es genügt schon eine Ecke vom Tisch. Wenn wir dort ein Räuchergefäß aufstellen und von Zeit zu Zeit nur ein paar Minuten zusammen mit unserem Räucherwerk in Ruhe verweilen, werden wir merken, wie gut uns das tut. Achtsame Stille im Verbund mit einer Räucherung wirkt wie ein Bad in einem heilsamen Jungbrunnen für unseren oft abgestumpften Geist. Am Anfang mag es uns recht anstrengend erscheinen, von einem mit Aktivitäten gefüllten Tag fünf Minuten für so etwas Zweckloses abzuzwacken, aber wenn wir dem Göttlichen oder dem Unaussprechlichen in unserem täglichen Leben keinen Raum und keine Zeit einräumen, wie soll es dann einen Zugang zu uns finden?

Es gibt eine Fülle von Anlässen zum Räuchern, wo man es einsetzen kann, um ein bestimmtes Ziel zu erreichen:

- Unsere Wohnräume sind überlagert von vergangenen Gewohnheiten, wiederkehrenden Aktionen und Reaktionen, von Streitigkeiten, Konflikten und Emotionen aller Art. Irgendwann verspüren wir vielleicht das Bedürfnis, all diesen belastenden, aber ungreifbaren Plunder aus unserer Wohnung hinauszuwerfen.

  Dafür ist eine Räucherung bestens geeignet.

  Sie nehmen das Räuchergefäß in die Hand und gehen damit zusammen mit der Flamme der Sehnsucht (den Plunder loszuwerden) und der Fackel der Achtsamkeit (lauschend auf das, was in und um uns vorgeht) durch die Räume. Danach werden Sie erstaunt sein, wie sehr sich die Atmosphäre darin verbessert hat.
- Vielleicht sind Sie einmal sehr niedergeschlagen oder deprimiert, und Sie haben niemanden, mit dem Sie darüber sprechen können oder wollen.

  Auch hier kann ein Räucherwerk ein treuer Freund und Wegbegleiter sein. Dem aufsteigenden Rauch alle Probleme, Ängste und Konflikte mitzugeben bei seiner Reise in die Auflösung wird Ihnen die Schwere fast nehmen, die auf Ihrer Seele lastet.
- Oder Sie haben sich unsterblich verliebt und sind getrennt von dem/der Angebeteten: Ein Räucherwerk kann dabei helfen, das unsichtbare Band der Liebe zu halten, zu festigen und zu vertiefen.
- Ist jemand in unserem näheren Umfeld verstorben, haben wir manchmal das Bedürfnis, dem/der Verstorbenen noch irgend etwas mitzuteilen oder die Beziehung, die wir miteinander hatten, noch einmal zu überdenken. Auch hier werden Sie verblüfft sein, wie mühelos ein Räucherwerk eine dafür passende Atmosphäre schafft.
- Auch wenn Sie das Gefühl haben, Sie müßten irgend etwas an Ihrem Charakter ändern oder an Ihrem Lebensstil – wenn aus Ihrem Räuchertopf die Rauchschwaden in

immer neuen Bahnen emporsteigen, werden Sie durch das Einatmen des Räucherduftes neue Ansätze und Ideen vermittelt bekommen.

- Beim Einzug in ein neues Haus oder in ein Hotelzimmer finden wir meistens eine leere oder für uns nicht sehr heimelige Atmosphäre vor. Schon durch eine kurze Räucherung von wenigen Minuten läßt sich das Raumklima erheblich verbessern.
- Hin und wieder erleben wir etwas sehr Positives und freuen uns, daß wir dafür nichts tun mußten.

  Doch das Leben geht weiter, und schon bald sind wir wieder im alten Trott. So sind wir ein Spielball der Gefühle und Ereignisse.

  Wenn wir konsequent eine kurze Räucherung durchführen, bei sehr schönen wie auch bei sehr traurigen Erlebnissen in unserem Leben, werden sich die Ecken und Kanten unseres Charakters etwas abschleifen, und wir werden weiser mit diesen intensiven, ungewohnten Situationen umgehen können.

Ich habe hier nur einige von unzähligen Möglichkeiten dargestellt, wie wir auch heute noch sinnvoll räuchern können. In den folgenden Kapiteln werde ich sowohl die wichtigsten Grundsätze für das Räuchern erklären als auch detaillierte Anleitungen geben, wie Sie verschiedene Räuchertechniken oder -rituale durchführen können.

Räuchern ist für mich ein Vermittler zwischen der materiellen, logischen, stofflichen und der chaotisch anmutenden, ungreifbaren, feinstofflichen Welt. Es ist das sichtbare Band zwischen dem Sein und dem Nicht-Sein. Man kann nicht mit nachprüfbaren Beweisen darlegen wie eine Räucherung wirkt, aber der empfindsame Anwender wird den Wert einer Räucherung spüren und sicherlich auch schätzen lernen.

Die Praxis des Räucherns

Zunächst einige grundsätzliche Ratschläge

Wenn wir Räuchern, sollten wir darauf achten, daß wir niemanden dabei belästigen. Oft stört es Nachbarn oder den Partner, wenn zu häufig oder intensiv geräuchert wird. Damit die Harmonie, die durch das Räucherwerk entsteht, nicht gleich wieder zerstört wird durch den Streit darüber, sollte man hier nach sinnvollen Kompromissen suchen. Ein praktischer Tip: Nach jeder Räucherung gut lüften und/oder ein Luftwäschegerät benutzen!

Alle Tempel, die ich auf meinen Reisen besucht habe, waren eher luftig und zugig. Der Rauch konnte dort ungehindert ins Freie ziehen. Besonders wenn man Harze auf einer glühenden Kohle verbrennt, ist Frischluft unentbehrlich, da wir unsere Lungen sonst unnötig belasten! – Lassen Sie also das Fenster offen. Auch Kinder zeigen oft Interesse daran mitzuräuchern; sie leben nach ihren natürlichen Instinkten und spüren, daß Räuchern gut für sie ist. Wichtig ist dabei nur, daß Sie wegen des Unfallrisikos kleinere Kinder nie alleine mit brennenden Räucherwerken lassen.

Am Anfang ist es sicherlich sinnvoll, wenn Sie alleine oder im kleineren Kreise der Familie räuchern. Manch ein Freund ist vielleicht schockiert, wenn er Sie mit einem Räuchergefäß in der Hand durch Ihre Wohnung schreiten sieht. Häufig reagieren sogar starke Raucher absolut »allergisch« auf Räucherungen. – Rauch ist eben nicht gleich Rauch.

Ein Räucherwerk wird für die geistigen Welten gemacht, und so geht es manchen Leuten auch im wahrsten Sinne des

Wortes »auf den Geist«. Das sollten wir zur Kenntnis nehmen und respektieren. Denn nicht jeder Mensch durchläuft zur selben Zeit dieselben Entwicklungsstufen.

Allerdings gibt es in bezug auf Räuchern in letzter Zeit eine Trendwende. Viele Menschen, die mit der Aromatherapie gute Erlebnisse hatten, merkten, daß ihnen bei dieser Art der Duftanwendung noch immer etwas fehlt. Und dieser fehlende Aspekt ist die vergessene Kunst des Räucherns.

Die Einheit von Körper, Seele und Geist

Die alten Naturheilkundigen haben mit diesen drei Begriffen die Bedürfnisbereiche des Menschen dargestellt. Jeder dieser Bereiche hat seine bestimmten Bedürfnisse, die befriedigt werden müssen – er braucht Nahrung. Wird ein Bereich vernachlässigt, oder erhält er zuviel Aufmerksamkeit, ergibt

	Nahrung	*Therapie*
Geist Lebensenergie Licht / Chaos / Chi (= einheitliche Energie)	Achtsamkeit, Stille	Räuchern, Besinnung
Seele Charakter / Eros / Yin	sehen hören riechen schmecken tasten	Farbtherapie Klangtherapie Aromatherapie unverfälschte Nahrung Massage
Körper Form / Gaia / Yang	Essen und Trinken	Diätetik, Kräutertees, Elixiere, moderne Medizin

sich ein Ungleichgewicht: eine Unausgeglichenheit des Menschen, die bis zur Krankheit führen kann. In den verschiedenen Kulturen gibt es vergleichbare Einteilungen.
Das besondere an dieser Dreiheit ist etwas, was heute von vielen Naturheilern, Medizinern und Psychologen in aller Welt gerne vergessen wird: Zusätzlich zu unserem Körper und unserer Seele gibt es ein drittes Element, das Nahrung benötigt: unser Geist oder unsere Lebenskraft!

Jeder braucht für sein Leben einen Sinn. Diesen Sinn können wir nur aus der Stille schöpfen, wenn alle Sinnlichkeiten zur Ruhe gekommen sind. Dazu wurden und werden in fast allen Kulturen Gebetszeremonien oder Meditationen durchgeführt. Begleitet werden diese Übungen so gut wie immer durch Räucherwerk. Der Rauch des Räucherwerkes soll hier als Leiter dienen, er soll uns helfen emporzusteigen in die feinen Gefilde des Geistes, wo die große Stille unsere aufs Materielle fixierte Seele reinigt und klärt und wo uns Kräfte zuteil werden, die in kein Schema passen.

Dieser Geist hat nichts mit Kirche oder dem Intellekt zu tun. Es ist ganz einfach:

- Kann ich, wenn ich alleine mit mir bin, still und zufrieden sein, ist Geist anwesend.
- Findet meine Seele im Alleinsein ohne Ablenkungen keinen Frieden, sondern wird unruhig, ist kein Geist anwesend: Ich brauche dann fremde Mittel, um all das Gerümpel in mir zu verdrängen.

Natürlich bekommt diese Angelegenheit eine gewisse Eigendynamik – je mehr ich Ablenkungen und psychische Dämpfer wie Alkohol, Schokolade, Nikotin, Fernsehen oder Arbeit verwende, um so größer wird das Ungleichgewicht. Doch keine Angst, es gibt hier niemanden, der unsere Handlungen bewertet. Jeder muß für sich herausfinden, was er erreichen möchte. Denn mein Handeln – oder Nicht-Handeln – ist ausschlaggebend für die Art der Reaktion darauf.

Räucherwerk ist kein emotionaler Dämpfer, es schärft und klärt vielmehr unser Bewußtsein, um mit all unseren Konflikten und seelischen Belastungen besser umgehen zu können.

Räuchern mit den üblichen Räucherstoffen macht auch nicht süchtig oder abhängig. Es ist wie ein reinigendes Bad oder ein heilender Balsam für unsere Seele und unseren Lebensraum.

Verschiedene Räucherarten

Räucherstäbchen, Räucherspiralen, Räucherkegel

Die einfachste Art zu Räuchern ist die mit Räucherstäbchen. Sie sind auch in Europa sehr verbreitet und leicht zu handhaben.

Sie zünden ein Räucherstäbchen an einem Ende an, fächeln mit der Hand nach ca. 30 Sekunden die Flamme am Stäbchen aus und stecken es in Ihren Stäbchenhalter oder Räuchertopf. Man kann die Flammen auch durch kreisende Bewegungen mit dem Stäbchen zum Erlöschen bringen. Ausblasen sollte man die Flamme nicht – man sagt, dies vertreibt die guten Geister. Man entzündet normalerweise eine ungerade Anzahl von Stäbchen – also 1, 3, 5, 7 ... Stück.

Es gibt zwei Arten von Räucherstäbchen:

Die ursprünglichen indischen Stäbchen, die einst von buddhistischen Mönchen entwickelt wurden, haben im Zentrum einen Holzspan, der meistens aus Bambus besteht. Der Nachteil ist hierbei, daß dieser Span beim Verbrennen einen etwas beißenden Rauch entwickelt, der eigentlich nicht zum Räucherwerk gehört. Außerdem rauchen sie meist recht hef-

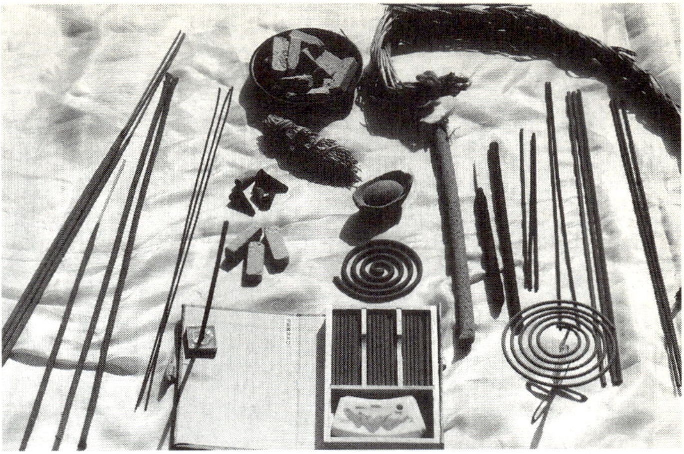

Verschiedene Räucherstäbchen aus China, Tibet, Japan, Südamerika und Indien (mit Stützholzspan); Räucherspiralen aus Japan und China, sowie ein indianischer Süßgras-Räucherzopf (oben rechts), Salbei, ein chinesisches Geldstück als Räucherwerk (Bildmitte), Räucherkegel und Räucherziegel aus Südamerika.

tig. Dafür haben diese Räucherstäbchen eine gute Stabilität und sind für das Räuchern im Freien sehr gut geeignet. In Asien gibt es Räucherstäbchen mit solch einem Stützholz in allen Größen: von zehn Zentimeter bis zu drei Metern!

Für die Anwendung im geschlossenen Raum ist die zweite Art Räucherstäbchen besser geeignet: die stützholzlosen Stäbchen. Sie verbrennen milder und angenehmer als die Räucherstäbchen mit Stützholz. Sie stammen aus China, wo einst auch die Technik der Nudelherstellung erfunden wurde. Und ähnlich wie bei den Nudeln stellte man für die Räucherstäbchen zuerst einen »Teig« aus Räucherzutaten her, formte dann »Nudeln« daraus, trocknete sie und verpackte sie für den Verkauf. Diese Art von Stäbchen kommt heute hauptsächlich aus Tibet, Nepal, seltener aus China und am feinsten und edelsten verarbeitet aus Japan.

Diese speziellen Messinghalterungen für chinesische Räucherspiralen, die über eine Brenndauer von mehr als 24 Stunden verfügen, werden meist im Freien verwendet.

Für Meditationsübungen und Bewegungsübungen wie Tai Chi, Yoga, Qi Gong etc. im Haus sind japanische Räucherstäbchen zu empfehlen, da sie meistens eine ganz zarte Duftnote haben und nur sehr milde rauchen. Es gibt sie in verschiedenen Längen, und so kann man sie auch sehr gut als »Räucheruhr« benutzen:

- Will man eine kurze Andachtsübung machen, nimmt man ein kurzes Stäbchen mit ca. 20 Minuten Brenndauer.
- Für eine Meditationssitzung gibt es Stäbchen von 35 Minuten bis $2^1/_2$ Stunden Brenndauer.

Man findet die verschiedensten Räucherstäbchensorten in Japan: Duftstäbchen, Reinigungsstäbchen, Harmonisierungsstäbchen, Opferstäbchen, Gebetsstäbchen, Meditationsstäbchen etc.

Meiner Ansicht nach ist in Japan auch heute noch die Räucherkultur am höchsten entwickelt, und diese Energie ist dort auch vielerorts spürbar. Der etwas höhere Preis der japanischen Stäbchen lohnt sich in jedem Fall!

Sehr schöne reinigende und klärende Räucherstoffe werden in den tibetischen Räucherstäbchen verwendet. Leider ist ihr Duft manchmal etwas intensiv.

Für Übungen im Freien sind chinesische Räucherstäbchen geeignet:

Sie können vom Wind nicht so leicht umgeblasen werden, sie sind sehr preiswert, und es gibt Stäbchen, die bis zu vier Stunden Brenndauer haben. Sie sind fast immer aus Sandelholzpulver hergestellt.

Indische Stäbchen sind leider meistens sehr heftig synthetisch parfümiert und können Kopfschmerzen verursachen. Die Duftstoffe hierfür kommen fast immer von europäischen Duftstoffkonzernen und werden oft nur mit billigem Sägemehl vermengt. In Indien kostet eine solche Stäbchenpackung nur fünf bis zehn Pfennige! Hier die Spreu vom Weizen zu trennen, erweist sich häufig als schwierig, da mittlerweile auch europäische Firmen in Indien nicht immer sehr hochwertige Produkte fertigen lassen und in deutschen Packungen vertreiben.

Ebenfalls günstig für die Verwendung im Freien sind chinesische Räucherspiralen, die es mit einer Brenndauer von 3 Stunden bis 36 Stunden gibt. Es sind »Räuchernudeln«, die in Spiralenform gepreßt wurden. Man hängt sie am besten an einer Schnur von der Decke herab auf. In gut sortierten Chinageschäften bekommt man manchmal auch Räucherspiralenhalter zu kaufen.

Eine weitere sehr beliebte und einfache Räucherart ist das Verbrennen von Räucherkegeln. Sie sind etwa drei bis vier Zentimeter hoch, haben an der Basis einen Durchmesser von 0,7 bis 1,3 Zentimeter und laufen oben spitz zusammen. Ein

Räucherkegel brennt ca. 10 bis 15 Minuten und ist sehr gut für eine kurze Reinigungs- oder Andachtsübung geeignet. Ich selbst verwende Räucherkegel gerne in muffigen Hotelzimmern, um dort die Atmosphäre zu verbessern.

Alle bisher beschriebenen Räucherwerke sind in den letzten 2000 Jahren entstanden und in der Folge kultiviert worden. Die ältesten Räucherwerksanwendungen sind aber viel, viel älter. Schon vor vielen tausend Jahren wurde geräuchert, indem man Räucherwerkszutaten auf glühende Kohlen streute.

Das Verbrennen von Räucherwerk auf glühender Kohle

In alter Zeit war diese Räucheranwendung leichter zu handhaben als heute. Da man überall auf offenem Feuer kochte oder heizte, war glühende Holzkohle schnell verfügbar, um sie in eine Räucherschale zu schütten und darauf duftende Harze, Heilkräuter, Wurzeln oder Hölzer zu verräuchern. Entscheidend ist hierbei: Beim direkten Verbrennen mit Flammenbildung entwickelt sich nicht der duftende Räucherwerksrauch! Nur wenn die Räucherstoffe glosend verbrennen, wird der edle Rauch freigesetzt.

Diese Art zu Räuchern ist viel heftiger als mit Räucherstäbchen oder -kegeln. Es entsteht dabei sehr viel Rauch, und wir sollten anfangs nur sehr sparsam mit unseren Räucherzutaten umgehen, da sie sonst zuviel Rauch entwickeln. Dabei gilt: Immer bei geöffnetem Fenster Kohleräucherungen durchführen oder zumindest danach sehr gut lüften. Es wird sehr viel reinigende Energie freigesetzt, und es ist in jedem Fall von Vorteil, das, was nach einer Räucherung übrig ist, wieder ins Freie an die Luft zu setzen.

Für das Räuchern auf Kohle benötigen Sie verschiedene Zutaten:

Basisutensilien für das Räuchern auf glühenden Kohlen sind: (von links nach rechts) Fächer, eine hohe Räucherschale mit Kohletabletten und Räucherharz, Kohletabletten in Alufolie, eine kleine Räucherschale, Feuerzeug und (im Bild unten) eine Feder zum Zufächeln von Luft.

- Einen feuerfesten Räuchertopf, in den Sie feinen Sand als zusätzliche Hitzedämmung einfüllen. Oder eine Räucherschale auf einem hohen Fuß, damit die Hitze der Kohle nicht die Unterlage, auf der die Schale steht, ansengt.
- Räucherkohletabletten, die sich gut entzünden lassen. Man bekommt sie in gut sortierten Naturkostläden, Teegeschäften, Duftläden, Reformhäusern oder Esoterikgeschäften. In größeren Städten findet man sie auch in Geschäften für Kirchenzubehör. Interessanterweise kann man in Griechenland Räucherkohle, kleine Räucherschalen und Weihrauch in fast jedem »Tante-Emma-Laden« kaufen. Hier ist Räuchern noch ein normaler Bestandteil des täglichen Lebens, und die Hausfrau macht mindestens einmal die Woche eine Reinigungsräucherung im ganzen Haus.

- Einen Platz, wo Sie Ihr Räuchergefäß sicher vor Kindern oder Haustieren aufstellen können.
- Räucherwerkszutaten nach Ihrer Wahl. Zu diesem Punkt gibt es im Kapitel »Alle wichtigen Räucherstoffe von A–Z« eine genauere Beschreibung der einzelnen Stoffe. An dieser Stelle möchte ich nur eine grobe Einteilung vorstellen, die aber für die Praxis von großer Hilfe sein kann. Ich unterscheide drei Arten von Räucherstoffen:
  - Harze und balsamige Räuchermittel
  - Hölzer und Wurzeln
  - Kräuter und Blüten.

  Jeder dieser drei Typen hat seine signifikanten Eigenschaften beim Räuchern, und ich würde raten, verschiedene Arten von Räucherstoffen miteinander zu mischen, da sich dann daraus eine mildere und feinere Räucherung ergibt. Bei der Auswahl und Zusammenstellung der Räucherstoffe sollten Sie sich immer auf Ihr Gefühl verlassen. Man kann dabei eigentlich nichts falsch machen.

Harze und balsamige Räuchermittel

Von allen Räucherzutaten entfalten sich die Harze am intensivsten und am längsten anhaltend. Dies sollten Sie speziell beachten, wenn Sie in geschlossenen Räumen räuchern. Es ist immer empfehlenswert, anfangs nur ein bis zwei Harzkügelchen auf die glühende Kohle zu legen und abzuwarten, wie stark sich der Rauch entfaltet.

Harze sind hervorragend geeignet, um negative Schwingungen in Häusern, Gärten und Kellern zu vertreiben. Auch bei der Reinigung oder Segnung von gebrauchten oder neuen Gegenständen sind Harze sehr kraftvoll. Nach dem Räuchern im Zimmer sollten Sie gut lüften, noch besser ist es, bei geöffneten Fenstern zu räuchern.

Die edlen Räucherharze sind in alten Zeiten neben den Edelmetallen und Edelsteinen die wertvollsten Handelsgü-

Wichtige Räucherharze und Räucherbalsame	
Benzoe Siam	Mastix
Benzoe Sumatra	Myrrhe
Copaivabalsam	Opoponax
Copal (schwarz, weiss, gold)	Perubalsam
Dammarharz	Sandarac
Drachenblut	Styrax
Elemi	Tolu
Gummi Arabicum	Weihrauch

ter der Welt gewesen. Ihr Duft galt als erogen, berauschend, klärend, reinigend und öffnend. In den tropischen Gegenden Südamerikas, Afrikas und Asiens finden wir unzählige verschiedene Bäume mit angenehmen Duftnoten. Speziell in der Familie der Burseraceae (Balsamstrauchgewächse) finden wir über 300 verschiedene Arten von tropischen Bäumen, die in ihren Exkretgängen der Rinde reich an duftenden Harzsubstanzen sind.

Es ist heute zum Teil sehr schwer, die passende botanische Zuordnung zu einem in alten Werken beschriebenen Produkt zu finden. Manche alten Arten sind ausgestorben, andere wurden so oft falsch übersetzt, daß wir nicht mehr wissen, was eigentlich gemeint ist.

Sicher ist, daß das Räucherwerk und im besonderen die einst sehr wertvollen Baumharze eine der Triebfedern waren, um in vorbiblischen Zeiten den Handel zwischen den großen reichen Völkern der Chinesen und der Ägypter entstehen zu lassen. Es gab eine eigene Handelsstraße für Räucherwerke, und man findet in den Grabbeigaben der Pharaonen Gefäße mit chinesischer Aufschrift, in denen sich Räucherzutaten befinden.

Wir können sagen, daß die seit alten Zeiten für Räucherungen verwendeten Baumharze am kraftvollsten wirken. Glücklicherweise sind sie heute nicht mehr so teuer wie in der

Antike, und so können wir sie auch bei unseren täglichen Zeremonien verwenden.

Hölzer und Wurzeln

Vorab möchte ich feststellen, daß auch das Holz bzw. die Rinde jedes edlen Harzbaumes für Räucherzwecke verwendet werden kann. Das Interessante an Hölzern beim Räuchern ist, daß sie etwas rascher verbrennen als Harze und auch einen milderen Rauch entfalten.

Je feiner das Holz zerkleinert ist, um so feiner und milder ist auch sein Duft. Räucherpulver aus vermahlenen Hölzern oder Wurzeln sind sehr gut für Andachtszeremonien, Sutrenlesungen und Gebetsrituale geeignet. Speziell für Räucherstäbchen oder Räucherkegel sind sie ein unverzichtbarer Bestandteil; auch in Harzmischungen verwendet man sie gerne als verfeinernde Note oder um das Verkleben von Balsamen und Harzen untereinander in einer Mischung zu verhindern. Feines Holzpulver ist auch sehr gut geeignet, wenn wir edle ätherische Öle von Blüten in unseren Räucherungen mit verwenden wollen. Dabei nehmen wir auf einen Eßlöffel von z. B. Sandelholzpulver ca. zwei bis fünf Tropfen echtes ätherisches Öl von Rose, Jasmin oder Neroli etc. In dieser Weise parfümierte Räucherungen haben z. B. in erotischen Stunden eine ganz hervorragende Wirkung (siehe auch Kapitel »Liebesräucherungen«).

Bei Wurzeln ist es besonders wichtig, daß wir nach gut zerkleinerten Teilen Ausschau halten, denn sie haben fast immer

Edle Räucherhölzer

Aloeholz	Sandelholz rot, weiss
Fichte (Kiefern)	Rosenholz
Jambulrinde	Thuja
Kampher, Kristallin	Wacholder
Pinienholz (Kiefern)	Zeder

Wichtige Wurzeln	
Angelikawurzel	Narde
Iriswurzel	Vetiver
Kalmus	

einen recht kräftigen Duft, der sich bei großen Stücken noch verstärkt. Sowohl Wurzeln als auch Hölzer haben zwar nicht ganz soviel Kraft wie die Räucherharze, sind aber für Räucherungen aller Art (Schutz, Reinigung, Liebe, etc.) sehr gut geeignet, um eine Mischung zu ergänzen.

Heilkräuter, Gewürze und Blüten

Bevor wir Blüten oder Heilkräuter aus unserem eigenen Garten verräuchern, müssen wir sie erst gut trocknen, sonst ersticken sie die Glut unserer Kohle. Im Prinzip kann jedes Heilkraut und jede duftende Blüte in getrockneter Form zum Räuchern verwendet werden. In Räumen sollten wir reine Kräuter- und Blütenräucherungen nur kurz durchführen, da der Geruch meist recht intensiv ist und sich für Wohnraumbeduftungen kaum eignet. Gutes Lüften nach solchen Räucherungen ist unumgänglich. Alle Blüten und Heilkräuter können als ätherisches Öl sehr gut mit verschiedenen Holz-

Wichtige Heilkräuter, Gewürze und Blüten		
Basilikum	Melisse	Safran
Beifuss	Muskatnuss	Sage
Cannabis	Myrte	Salbei
Eukalyptus	Nelke	Süssgras
Immortelle	Patchouli	Thymian
Jasmin	Pfeffer	Verbena
Kamille	Pfefferminze	Wermut
Lavendel	Rose	Ysop
Lorbeer	Rosmarin	

pulvern (z. B. Sandelholz, Zedernholz) vermengt und so später verräuchert werden. Auf 1 Teelöffel Holzpulver gibt man 1 bis 4 Tropfen reines ätherisches Blütenöl. Dadurch erhalten wir feinere Duftnoten in unseren Räucherwerksmischungen.

Leider verlieren die meisten dieser Räucherstoffe durch den Trocknungsvorgang fast ihr ganzes Aroma und entwickeln dann beim Räuchern einen eher beißenden Dampf, was die Wirkung jedoch nicht schmälert. Im Handel gibt es synthetisch nachbeduftete Kräuter, die zwar einen stärkeren Duft entfalten, aber von diesen Produkten würde ich eher abraten.

Sehr gut lassen sich auch hier pulverisierte Pflanzenteile verwenden, da sie einen milderen Rauch entfalten. Heilkräuter, Gewürze und Blüten verbrennen von allen Stoffen am raschesten und werden deshalb am besten in Mischungen verräuchert. Im Altertum wurden sie meistens von den ärmeren Menschen angewendet, die sich edle Harze und Hölzer nicht leisten konnten. Erst als man die Räucherwerke verfeinert als Stäbchen, Kegel und feingemischte Pulver zu verarbeiten begann, wurden auch diese Pflanzenteile stärker für Mischungen herangezogen.

Was man zum Räuchern braucht

Bevor wir uns eingehender mit den verschiedenen Räucherpraktiken befassen, erfahren Sie in diesem Kapitel, wie Sie als Einsteiger vorgehen und was Sie alles zum Räuchern brauchen.

Wenn Sie mit dem Räuchern erst beginnen wollen, würde ich empfehlen, zuerst ein oder mehrere japanische Räucherstäbchen auszuprobieren. Viele dieser Stäbchen haben sogar einen kleinen Räucherstäbchenhalter mit in der Packung, und das einzige noch fehlende Zubehör ist ein Streichholz oder ein Feuerzeug. Haben Sie damit Ihre ersten Erfahrungen

Das brauchen Sie zum Räuchern	
Räucherschale, Räuchertopf oder Räucherteller	Feder
Räucherwerk	Pinzette
Sand oder Asche	Kerzen
Kohletabletten	Streichhölzer oder Feuerzeug

gemacht, können Sie sich überlegen, ob Sie sich auch an die intensiveren Kohleräucherungen mit einzelnen Räucherwerken heranwagen wollen und ob Sie dem Räuchern einen gewissen Platz in Ihrem Leben einräumen möchten. Haben Sie diese Frage mit ja beantwortet, suchen Sie eine geeignete Stelle in Ihrer Wohnung, wo Sie Ihre Räucherungen durchführen wollen. Für das erste genügt schon eine kleine Ecke auf einem Kästchen oder einem Fensterbrett, später werden Sie sich vielleicht einen eigenen Räucheraltar aufbauen.

Die Gerätschaften

Egal wie groß die Räucherecke ausfällt: Ein schöner Räuchertopf, eine Räucherschale oder ein Räucherstäbchenteller ist dafür unabdingbar. Wir haben in unserem Haus zwölf verschiedene Räuchertöpfe oder -schalen an verschiedenen Stellen plaziert, um so einen gewissen energetischen Gleichklang zu erzielen.

Ein Räuchertopf wird normalerweise mit Asche oder – am besten – mit feinem Sand gefüllt, den wir im Zoofachgeschäft (Vogelsand) kaufen oder aus dem Urlaub mitbringen können. Ein runder Räuchertopf steht in der Regel auf drei Beinen, ein eckiger hat vier Beine. Diese Töpfe haben den Vorteil, daß wir sie sowohl für Räucherstäbchen als auch für Kohleräucherungen verwenden können. Der Sand dient einerseits dazu, die Stäbchen aufrecht zu halten, wenn wir sie

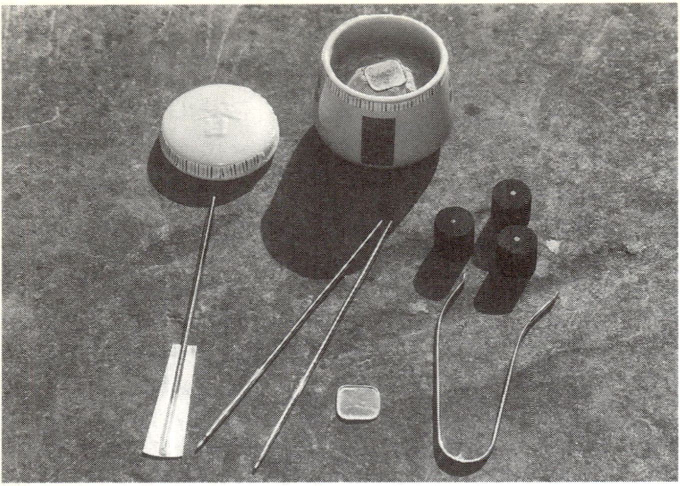

Einfaches Zubehör für den japanischen Koh-Do (Räucherzeremonie): Keramikräuchertopf mit dazugehörigem Deckel, gefüllt mit Asche (oben), (von links nach rechts) Metallspatel zum Formen der Asche, Stäbchen aus Metall, um die Kohle in der Asche zu bewegen, Asbestplättchen für Räucherstoffe, Zange aus Metall zum Anzünden der speziellen Kohletabletten und drei besondere Koh-Do-Kohletabletten.

in den Topf stellen, andererseits ist er ein Hitzedämmer für die Räucherkohle, damit bei Kohleräucherungen der Topf nicht zu heiß wird und den Untergrund versengt.

Ein Räuchertopf mit Beinen wird bei Reinigungszeremonien meistens nicht durch die Räume getragen. Er wird stabil an einem passenden Ort aufgestellt und entwickelt durch seine Präsenz und die dort immer wieder durchgeführten Räucherungen eine besondere Kraft und Ausstrahlung.

Zum Bewegen und Herumreichen sind Räucherschalen (sehen aus wie ein Teller auf einem hohen Fuß), Räucherpfannen am Stiel oder auch Räuchertöpfe an drei Ketten (in katholischen und orthodoxen Kirchen üblich) viel praktischer, aber sie können nicht für Räucherstäbchen verwendet werden. Räucherstäbchenteller hingegen – mit einer Bohrung in der Mitte – sind dazu da, die Stäbchen aufrecht zu halten und die Asche aufzufangen. Alle diese Geräte sollten einen Durchmesser von 8 bis 15 Zentimeter haben, um damit funktionell arbeiten zu können. Die verwendeten Materialien dafür sind Keramik, Porzellan, Holz oder Metall.

Von den ganz kleinen, billigen indischen Stäbchenhaltern und Räuchertöpfen aus Messing halte ich nicht sehr viel, da sie weder die Asche der Stäbchen aufzufangen vermögen noch eine ausreichende Hitzedämmung bei Kohleräucherungen bieten.

Zweckmäßige Räuchergeräte finden Sie in gut sortierten Duftläden, Esoterik-, Naturkost-, Naturwarenläden oder Asiengeschäften.

Falls Ihr Geldbeutel es zuläßt, können Sie auch in Antiquitätenläden oder Auktionshäusern nach antiken Räu-

Verschiedene Räuchertöpfe: japanischer Metalltopf mit verziertem Deckel, Dreibein aus Keramik in japanischem Stil, weißer Keramiktopf ohne Füße, Keramiktopf mit Füßen und Seitenverzierungen, japanischer Metallräuchertopf mit Deckel (von links nach rechts).

chertöpfen oder Räucherschalen Ausschau halten. Aber ein gut erhaltenes altes Stück kann weit über 1000 Mark kosten.

Wenn Sie das Räuchern ernsthaft betreiben, sollten Sie sich zumindest eine Räucherschale zum Herumtragen und Herumreichen bei Reinigungszeremonien und einen Räuchertopf für Stäbchenräucherungen und Besinnungszeremonien zulegen.

So räuchern Sie mit Kohle

Im Handel gibt es spezielle Kohletabletten für das Räuchern. Sie sind in verschiedenen Größen erhältlich. Meiner Ansicht nach ist der beste Durchmesser vier Zentimeter, weil hier nicht so viele Räucherstoffe von der Kohle wieder herunterfallen wie bei kleineren. Geöffnete Päckchen an einem trockenen Ort, gut verschlossen, in einer Kunststofftüte oder in Staniolpapier aufbewahren, damit die Kohle nicht feucht wird.

Zum Anzünden der Kohle kann es hilfreich sein, einen kleinen Fächer oder eine Feder zu benutzen, um der anglühenden Kohle damit einige Zeit Luft zuzufächeln. Eine große Pinzette ist für Menschen empfehlenswert, die sich an der Kohle nicht die Finger verbrennen möchten.

Zuerst wird eine Kohletablette an einem Feuerzeug, Streichholz oder an einer Kerzenflamme entzündet. Fächeln Sie mit der Feder, dem Fächer oder mit der Hand Luft zu, bis die Kohle mindestens zur Hälfte rötlich zu glühen beginnt. Bevor Sie sich die Finger an der glühenden Kohle verbrennen, legen Sie sie mit der Einbuchtung nach oben in die bereitgestellte Räucherschale oder den Räuchertopf. Damit die Kohle gut durchglüht und nicht wieder vorzeitig erlischt, sind zwei Dinge wichtig:

- Beim ersten Mal unter die Kohle etwas Holzpulver streuen, damit sie nicht direkt auf dem Sand oder der Keramik aufliegt. So bekommt die Kohle auch von unten genügend Luft. Später lassen Sie einfach immer etwas Asche von der letzten Räucherkohle im Topf oder der Schale, um eine gute Luftzufuhr zu gewährleisten.

- Ein häufiger Fehler beim Kohleräuchern ist, daß man zu früh Räucherharze auf die Kohle legt. Ist die Kohle nicht oben rundherum weiß glühend, sondern an einigen Stellen schwarz, dann hat sie noch nicht genügend Hitze, um das schmelzende Harz komplett zu verbrennen. Die zerfließenden Harze löschen dabei die zu geringe Glut, und Ihre Räucherung findet ein frühzeitiges Ende. Ich habe mit den Jahren herausgefunden, daß die Kohle ganz rasch anglüht, wenn ich zu Beginn einige Prisen von einem gut trockenen Holzpulver darüberstreue. Das Holzpulver wirkt dabei wie Späne im Kamin zum besseren Befeuern.

Meine Lieblingsmischung zum Anheizen der Kohle ist eine traditionelle buddhistische Reinigungs- und Opferräucherungs-Mischung aus Japan. Sie besteht aus fünf edlen Hölzern: Sandelholz, Aloe, Kampfer, Cassia, Zimt und Zedernholz. Sie heißt »Gozan-Koh«, was übersetzt soviel wie »fünf mal Räucherwerk« bedeutet, und es riecht sehr fein. Man kann diese Mischung mittlerweile auch in Deutschland, Österreich und der Schweiz bekommen, manchmal auch unter dem Namen »Sho-Koh«. Das Anbrennen mit diesem Holzpulver dauert nur zwei bis drei Minuten und verschafft uns zugleich eine erste klärende und harmonisierende Räucherung. Es trägt dazu bei, daß unsere Kohle dann auch wirklich für ca. eine Stunde ihren Dienst leistet.

Achtung: Werfen Sie am Ende der Kohleräucherung die Asche nie in den Abfalleimer, bevor die Glut nicht komplett erloschen ist! Sicherheitshalber können Sie die Kohlereste mit einem Metallöffel oder der Pinzette aus unserem Räuchergefäß nehmen und kurz unter Leitungswasser halten, damit auch die letzte Glut gelöscht wird.

Zunächst sollten Sie am Anfang Stoffe vermeiden, die Sie grundsätzlich nicht mögen. Ansonsten gibt es sehr viele interessante und gute fertige Mischungen zu kaufen, die durchaus zu empfehlen sind.

Wollen Sie sich jedoch selbst Ihre Mischungen zusammenstellen, sollten Sie sich – passend zu unseren Räucherthemen – von jeder Gruppe zwei Sorten zulegen. Zum Beispiel:

- Harze: Weihrauch und Benzoe, Copal und Myrrhe, Mastix und Dammar.
- Hölzer: rotes Sandelholz und Zimt, Zeder und Fichtenholzpulver.
- Wurzeln: Angelikawurzel, Iriswurzel, Veilchenwurzel oder Kalmus.

Verschiedene Räucherharze: (Im Uhrzeigersinn) Zedernholzspäne, Aloeholz, in einer antiken Bronzeschale aufbewahrtes »Gozan Koh«, eine japanisch-buddhistische Hölzermischung, Späne von rotem Sandelholz, große Stücke von weißem Sandelholz.

Verschiedene Räucherharze: (Von links nach rechts) helles Copal, Elemiharzpaste im Tiegel, eine christliche Harzmischung aus Myrrhe, Weihrauch und Benzoe (im Bild oben), zwei Brocken dunkles Copal, einen Brocken Goldcopal, schwarzes Labdanumharz, Mastixperlen und ein sehr großes, eckiges Stück Sumatra-Benzoe (Bildmitte). Drachenblutkugel mit chinesischem Qualitätssiegel, einige Stückchen Dammarharz und ein Brocken Toluharz (untere Reihe im Bild).

- Kräuter und Blüten: Eukalyptus und Lorbeer, Lavendel und Salbei, Rosmarin und Patchouli.

Um Ihre eigene Mischung herzustellen, brauchen Sie einen schweren Mörser mit Stößel, ein Messer mit Schneidebrett und eine Holzfeile. Die Zutaten werden zerkleinert und gut gemischt. Vorschläge für Mischungen zu bestimmten Themen finden sie bei den entsprechenden Kapiteln.

Zum Abschluß noch ein Tip:
Von Zeit zu Zeit sollten Sie Ihre Räucherschale, den Stäbchenhalter oder den Räuchertopf gründlich reinigen. Das heißt, Sie entfernen alle unvollständig verbrannten Räucher-

zutaten, Kohleteile und ähnliches aus dem Räuchergefäß. Den Sand kann man mit einem kleinen Teesieb filtern, oder verbrannte Stäbchenreste mit einer Pinzette herausziehen.

Sollten Sie Schwierigkeiten beim Beschaffen von Räuchermitteln oder Zubehörteilen haben oder an weiterführenden Räucherseminaren interessiert sein, können Sie sich gerne an den Autor wenden. Die Adresse finden Sie am Ende des Buches.

Im folgenden Kapitel werden Sie erfahren, wie Sie einen kraftvollen Räucherplatz in Ihrem Zuhause einrichten können.

Der Räucheraltar

Schon sein Name sagt uns, was ein Altar für uns sein kann: Altar kommt von dem lateinischen Wort »altus«, welches soviel wie »erhaben« oder »erhöht« bedeutet. Durch einen Altar schaffen wir Raum für das Erhabene, und wir erhöhen die Gegenstände, die wir für unsere rituellen Zwecke gebrauchen, indem wir sie auf unserem Altar plazieren. Es entsteht damit eine Oase der Stille und der erhabenen Gedanken und Gefühle in unserer Wohnung.

Ich finde es sehr wichtig, daß wir unseren Räucheraltar ganz nach unseren eigenen, persönlichen Wünschen und Vorstellungen herrichten, denn nur dann entsteht zwischen ihm und uns eine lebendige Kommunikation und Wechselwirkung. Wir können unseren Altar in einer Nische in der Wand anlegen, ein kleines Kästchen oder einen kleinen Tisch dafür verwenden. Traditionell orientierte Christen können sich auch einen tragbaren Räucheraltar aus Ahornholz fertigen lassen, wie er im 2. Buch Mose, Kap. 30, beschrieben wird. In Japan wird gerne ein Lacktablett auf kleinen Beinen verwendet, während in China und Indien häufig Regale aus geschnitztem Holz an die Wand gehängt werden. Ich persön-

Der buddhistische Altar mit einem sitzenden Buddha aus Bronze auf japanischem Lacktablett, ein japanisches Räuchergefäß mit Abdeckung, ein Gong auf gesticktem Kissen und ein Klangholz in Form eines Fisches, das beispielsweise verwendet wird, um bei Rezitationen den Takt zu schlagen.

lich finde ein kleines Kästchen sehr praktisch, da man in dessen Schubladen oder Stauräumen Räucherwerke und andere Utensilien, wie Kohle, Zangen, Reservekerzen, Feuerzeuge etc., sehr gut verstauen kann.

Die Stelle, an der Sie Ihren Altar aufbauen, sollte sich harmonisch in Ihre Art zu wohnen einfügen. Er sollte nicht im Schlafzimmer eingerichtet werden, da man in alten Traditionen sagte, daß diese sehr positiv schwingende Stelle viele unglückliche und unruhige Wesen in der Nacht anzieht, die dort Erleichterung und Hilfe suchen. Die Anwesenheit dieser Wesen in unseren Schlafräumen könnte den Schlaf ungünstig beeinflussen.

Im folgenden werde ich beschreiben, welche Gegenstände in verschiedenen Kulturen und Religionen als energetische Verstärker auf einem Räucheraltar verwendet werden. Dies

Ein Beispiel eines Altars für Kohleräucherungen, dekoriert mit einem Gefäß für Räucherwerk, einer antiken indischen Räucherschale mit dampfendem Weihrauch, einem Bergkristall, verschiedenen Halbedelsteinen und einer Kerze.

soll keine Vorgabe, sondern eher eine Anregung für Sie sein. Stellen Sie auf Ihrem Altar nur Dinge auf, zu denen Sie einen Bezug haben, sonst wird er eine kalte und leblose Ausstrahlung haben, auch wenn er optisch sehr schön aussieht.

Grundsätzlich gilt: Weniger ist mehr!

Die wichtigsten Gegenstände sind Heiligenstatuen oder kleine Heiligenbilder. Fast in allen Ländern stehen Figuren aus Holz, Porzellan, Ton oder Metall auf dem Altar, oder es hängen Bilder dahinter. Abgebildet sind Heilige oder verehrte Personen, je nach Religion. Zum Beispiel: Marienstatuen, ein predigender Jesus, Franz von Assisi, Buddhas in verschiedenen Haltungen, Krishna, Lao Tse etc.

Wer zu Heiligen keinen Bezug hat, der kann auch verschiedene Symbolfiguren aufstellen, beispielsweise: Elefanten, Pferde, Drachen, Schildkröten, Sternzeichen, Kraniche, Fische etc.

Gegenstände aus der Natur wie knorrige Wurzeln, schöne Muscheln; Halbedelsteine in verschiedenen Formen, geschliffen oder naturbelassen, haben oft eine starke Ausstrahlung. Sehr geeignet sind hierfür geschliffene Kugeln aus Bergkristall, Amethyst, Rosenquarz oder Malachit. Sie besitzen eine besonders harmonisierende Kraft.

Man kann auch einige einfache Trommelsteine verwenden und z. B. in Kreisform auf den Altar legen, eine Pyramide oder einen Obelisken darstellen.

Eine kleine Blumenvase mit frischen Blumen oder eine Schale mit getrockneten Blüten kann sehr lebendig wirken.

Buddhisten stellen immer eine Schale mit Essen auf ihre Altäre (Früchte, Getreide, Nüsse ...), als Nahrung für die »hungrigen Geister«; dies läßt sich hierzulande in vielen Chinarestaurants beobachten.

Der buddhistische Altar ist dekoriert mit einem lachenden Buddha aus Holz, einer buddhistischen Schelle mit Vojra, Zimbeln, Blumen, einer buddhistischen Gebetskette aus Sandelholzkugeln und einem antiken chinesischen Räuchertopf auf einem Dreibein mit brennenden Räucherstäbchen.

Unerläßlich ist es für mich, eine (oder mehrere) Kerzen aufzustellen. Das Licht der Kerze reinigt negative Gedanken und Gefühle und schafft eine besinnliche und friedvolle Stimmung im Raum.

Ein Gong, eine Schelle oder ein Klangholz können sehr hilfreich sein, wenn wir sehr unruhig sind oder negative Einflüsse von außen fühlen. Die Schwingungen dieser Klanggeräte sind sehr wirkungsvoll!

Lassen Sie Ihre Phantasie spielen, und wählen Sie die Gegenstände für Ihren Altar mit Bedacht aus.

Wichtig ist nur, daß wir unseren Altar nicht mit rituellen Gegenständen überladen, da er sonst nicht mehr Ruhe und Frieden vermittelt, sondern eher Unklarheit und Rastlosigkeit. Wer sich wirklich dazu durchringt, einen Räucheraltar anzulegen, wird fasziniert sein von der positiven Veränderung, die in der Wohnung vor sich geht. Darüber hinaus

Ein Beispiel eines christlichen Räucheraltars, der mit einem keltischen Holzkreuz, einer Marienstatue, Kerzen und einem Räuchertopf aus Olivenholz geschmückt ist.

Dieser Altar ist ohne direkten Bezug zu einer Religion mit einem einer Bergkristallkugel, einer Kerze, einem Klangspiel und Gefäß mit Räucherwerk geschmückt.

schaffen wir damit ein »Refugium« für uns, wohin wir uns zurückziehen können, wenn es uns nicht gut geht, wenn wir über etwas nachdenken wollen oder wenn wir beten oder meditieren möchten.

Der Altar wird uns wie ein Wegweiser helfen, immer wieder unseren Platz in dieser Welt zu finden.

Verschiedene Räucherpraktiken

In diesem Teil des Buches werden wir einige wichtige Themen erörtern, zu denen Räucherungen traditionell durchgeführt wurden.

Zu allen Zeiten wurde vieles am Räuchern und an den dazugehörenden Ritualen auch mißbräuchlich angewendet. Die Versuchung, diese beim Räuchern freiwerdenden Kräfte magisch zu nutzen, war und ist immer sehr groß.

Ich persönlich halte von den manipulativen magischen Anwendungen nicht viel, da sie die wirkliche Entwicklung unserer Seele zum Geistigen hin behindern. Auch wenn sie uns sehr spektakuläre Ergebnisse in unserem Leben versprechen, werden solche magischen Räucherrituale letztendlich aus recht niederen Motiven durchgeführt und führen unsere Seele nicht aus den Verstrickungen, in denen sie sich befindet. Die im folgenden angeführten Räucherthemen habe ich deshalb immer als kritische Beleuchtung unseres eigenen Charakters oder als Helfer in verschiedenen Situationen aufgefaßt. Bei den hier beschriebenen Anwendungen kann man eigentlich nichts falsch machen: Wir werden dadurch nur achtsamer und bewußter.

Reinigungsräucherungen

Grundsätzliches

Im Prinzip hat schon alleine das Abbrennen eines Räucherwerkes eine reinigende Wirkung, egal, um welchen Räucherstoff es sich handelt. Am stärksten wirken hier Kohleräucherungen, bei denen am Ende immer gut gelüftet werden sollte.

Das Räucherwerk

Die wichtigsten Stoffe, die traditionell für Reinigungszeremonien verwendet werden:

- Harze: Weihrauch, Myrrhe, Copal, Dammar, Mastix, Sandarac
- Hölzer: Aloeholz, Sandelholz, Kampher, Zimtholz
- Heilkräuter und Wurzeln: Salbei, Rosmarin, Angelikawurzel, Eukalyptus, Beifuß, Myrte, Narde, Sage

Wer sich keine eigene Mischung aus den obengenannten Zutaten fertigen will, kann auch fertige Mischungen im Handel beziehen.

Genaueres über die hier angegebenen Pflanzen können Sie im Kapitel »Alle wichtigen Räucherstoffe von A–Z« nachlesen.

Die Zeremonie

Mit Räucherwerk durchgeführte Reinigungszeremonien finden sich in allen Religionen und Kulturen. Die Vorstellung, daß unsere Seele durch bestimmte Gedanken, Gefühle und die daraus folgenden Taten verunreinigt wird, ist sehr alt,

Reinigungsräucherung

(für Menschen, Räume, Gegenstände oder Gärten)

3 Tl Weihrauch	1 Tl Myrrhe
1 Tl Mastix	1 Tl Myrte
1/2 Tl Kiefernharz aus der Umgebung	1/2 Tl Kampher

Prisenweise verwenden. Nicht vorhandene Stoffe können ersetzt oder weggelassen werden.

Reinigungsräucherung
(von belasteten Räumen, wo häufig Konflikte entstehen oder ausgetragen werden)

Lavendelblüten	Rosenblüten
Patchouli	Sandelholzpulver
Zimt	Ysop

Zu gleichen Teilen mischen: je 1 Gramm oder 1 Teelöffel. Prisenweise verwenden. Nicht vorhandene Stoffe können ersetzt oder weggelassen werden.

wird aber in jeder Kultur anders ausgelegt. So ist es wichtig, daß wir uns während der Reinigungszeremonie erst einmal klarmachen, was für uns *rein* oder *unrein* bedeutet.

Dazu geben Sie eine Prise der passenden Räucherzutaten auf die Kohle und fächeln den emporsteigenden Rauch mit den Händen über Ihren ganzen Körper. Dabei werden verschiedene Bilder, Gedanken oder Gefühle in Ihnen hochsteigen, die Sie sogleich dem Rauch übergeben, damit er sie mitnimmt in die große Stille der Auflösung. Dazu können Sie einen Gong schlagen, Gebete oder Mantras rezitieren o. ä.

Wenn Sie fühlen, daß in Ihrer Seele ein ruhiges und klares Gefühl herrscht, können Sie mit weiteren Reinigungszeremonien fortfahren.

In diesem achtsamen und friedvollen Geiste, der nun in Ihnen entstanden ist, gehen Sie mit Ihrer Räucherschale durch Ihre Räume, um auch hier alle vergangenen Geschehnisse aufzulösen. Besonders in den Ecken und Nischen sollten Sie aufmerksam räuchern, da dort die Lebensenergie, die dauernd durch unsere Wohnung strömt, nicht so stark fließt.

Bei Ihrem Rundgang werden Sie erkennen, daß hier oder dort eine Blumenvase oder ein Möbelstück umgestellt werden sollte, daß sich Spinnweben oder Gerümpel an manchen Plätzen befinden oder daß Sie irgendwo einen Edelstein oder einen Springbrunnen etc. aufstellen sollten. So wird nach und nach durch regelmäßige »Räuchergänge« Ihr Wohngefühl viel harmonischer und ausgeglichener werden.

Auch bei neugekauften Möbeln, Schmuckstücken, Edelsteinen, Statuen, Windspielen etc. ist es sinnvoll, sie vor der Verwendung kurz auszuräuchern, um sie von ihren alten Prägungen zu entlasten und sie auf uns »einzustimmen«. Die Gegenstände werden dadurch eine ganz neue Lebensenergie für uns erhalten.

In alten Zeiten hat man bei allen Versammlungen Reinigungsrituale durchgeführt, um den Geist der Anwesenden in Gleichklang zu bringen. Den heutigen Politikern und Managern würde es bestimmt nicht schaden, wenn sie bei ihren »Meetings« ein solches Reinigungsritual miteinander abhalten würden. Vielleicht wäre dann das Niveau etwas kultivierter und moralische Werte nicht nur reine Lippenbekenntnisse. Das Räuchern kann somit auch zu einem gruppendynamischen Prozeß werden, wie wir es heute noch bei den Indianern in ihren Schwitzhütten beobachten können. Lesen Sie hierzu das Kapitel »Räuchern als Gruppenritual«.

Anrufungsräucherungen, Gebets- und Opferräucherungen

Diese drei Arten der Räucherung sind so eng miteinander verwoben, daß ich sie in einem Kapitel zusammengefaßt habe. Man kann sie auch als drei Stufen oder Ebenen einer einzigen Zeremonie betrachten.

Die *Anrufung* bestimmter Engel, Buddhas, Götter, Hilfsgeister oder Ahnen hatte früher das Ziel, sich die verschiedenen Qualitäten, Werte und Kräfte in unserem Sein bewußt zu machen, die unser Leben tragen.

Das *Gebet* ist dann die Kommunikation mit der angerufenen Wesenheit, um sich seine Qualität und Energie intensiver zu vergegenwärtigen.

Anrufungsräucherung	
Muskatnuss	Ysop
Rose	Thuja
Sandelholz	Muskatellersalbei

Zu gleichen Teilen mischen: je 1 Gramm oder 1 Teelöffel. Prisenweise verwenden. Nicht vorhandene Stoffe können ersetzt oder weggelassen werden.

Und die *Opfergeste* (mit Räucherwerk) ist als Zeichen der Dankbarkeit gegenüber diesen großen Kräften zu verstehen, dafür, daß sie da sind und uns unterstützen und das Leben ermöglichen.

Die Anrufungen der Essener

Bei den Essenern zum Beispiel, den vorchristlichen Gemeinden am Toten Meer, rief man morgens, mittags und abends verschiedene Engel an, um ihre Kraft aufzunehmen und die damit verbundenen Werte zu verinnerlichen. Man nannte diese Übungen »Kommunionen mit den Engeln«.

Die angerufenen Engel waren:

- Der Engel des Bodens (für Wachstum und Fortpflanzung)
- Der Engel des Lebens (Bäume und Lebenskraft)
- Der Engel der Freude (Schönheit und Harmonie)
- Der Engel der Sonne (das Feuer des Lebens und Vergehens)
- Der Engel des Wassers (Flüsse, Meer, Seen und unser Blut)
- Der Engel der Luft (unser Atem und die Energie der Atmosphäre)
- Der Engel des ewigen Lebens
- Der Engel der schöpferischen Arbeit
- Der Engel der Kraft

Anrufungsräucherung

2 TL WEIHRAUCH
1 TL MYRRHE
1 TL SAFRAN
1 TL NARDE, WENN ERHÄLTLICH
2 TL SANDELHOLZPULVER
1 TL BENZOE
1 TL LORBEER

Prisenweise verwenden. Nicht vorhandene Stoffe können ersetzt oder weggelassen werden.

- Der Engel der Liebe
- Der Engel der Weisheit
- Der Engel des Friedens: Dieser war sehr wichtig, und ihm wurde bei jeder Mittagsmeditation ein Thema gewidmet. Damit sollte unserem inneren Kampf immer wieder aufs neue ein Ende bereitet werden.

Diese Friedensanrufungen hatten folgende Themen:
Friede mit – dem himmlischen Vater – der Mutter Erde – unserem Wissen und unseren Kulturen – der Menschheit und den Engeln der Arbeit – der Familie und unseren Freunden – dem Geist (unseren Gedanken, Meinungen und Vorstellungen) – dem Körper (seinen Bedürfnissen, Stärken und Schwächen).

Die Zeremonie

Wenn wir uns diese Engel oder Begriffe bei einer Räucherzeremonie hin und wieder in unser Bewußtsein rufen, werden sich viele Probleme, Ängste und negative Gefühle wie von selbst lösen. Ein ganz neues Lebensgefühl wird nach und nach in uns erwachen.

Streuen Sie einen Opferweihrauch auf die Räucherkohle und lassen den jeweiligen Engel (oder Begriff) auf Ihre Seele, Ihren Körper und Ihren Geist einwirken, bis Sie ihn wirklich fühlen können. Wenn Sie die Präsenz dieser Qualität in sich wahrnehmen, verbeugen Sie sich, streuen wieder Opferweihrauch auf die Kohle und verharren noch einige Zeit in Stille, um das Erlebte nachwirken zu lassen.

Alle Anrufungen sind eigentlich auch Gebets- und Opferrituale, weil wir dabei (hoffentlich) dankbar erkennen, was alles notwendig ist, um uns das Leben zu ermöglichen. Was wären wir denn ohne Sonne, Luft, Wasser, Bäume? Haben wir ihnen jemals gedankt dafür, daß sie uns tragen, betreuen und nähren? Die Respekt- und Gefühllosigkeit, mit der wir heute unserer Umwelt und unseren Mitmenschen entgegentreten, legt den Gedanken nahe, daß wir dies nicht tun.

Das Räucherwerk

Dankbarkeit in einem Räucherritual für Engel, Götter, Elemente, die Sonne zu zeigen, nannte man früher opfern, und dafür reservierte man eigene Räuchermischungen. Man hielt sie »rein« für diese Anlässe.

Gebräuchliche Opfer-, Anrufungs- oder Gebetszutaten waren:

- Harze: Weihrauch, Styrax, Myrrhe, Galbanum, Benzoe, Tolu, Kalmus, Copal
- Hölzer: Sandelholz, Aloeholz, Zimt, Zedernholz, Kampher, Jambulrinde
- Heilkräuter und Gewürze: Nelke, Zyperngras, Salbei, Büffelgras, Wacholder, Sage, Myrte.

Auch hierfür gibt es fertige Mischungen im Handel zu beziehen.

Die Anrufungen im Buddhismus

Etwas anders als bei den Essenern wurden die Anrufungen im Buddhismus gehandhabt. Hier ist es z. B. im Zen- oder CHAN-Buddhismus üblich, die früheren großen Meister anzurufen. Es gibt einen eigenen Gebetstext, in dem man sich nacheinander die Reihe der sog. »Patriarchen« und deren Geistesqualität vergegenwärtigt. Zwischendurch streut man immer eine Prise Opferräucherpulver auf die Kohle (Gozan-Koh oder Sho-Koh genannt) und schlägt einen Gong oder ein Klangholz, um den eigenen Geist achtsam zu halten.

Man rezitiert oft stundenlang Sutren. Das sind von Schülern des Buddha oder späteren Meistern aufgeschriebene Lehrreden des Meisters, die dem Übenden helfen sollen, seinen eigenen Weg zu hinterfragen und zu suchen. Alle paar Minuten hält man inne, streut Räucherpulver auf die Kohle, läßt den rezitierten Text in Stille einige Zeit auf sich wirken, bevor man mit einer neuen Sutrenlesung fortfährt.

Die Sutren sind speziell aufeinander abgestimmte Klangfolgen, die uns auch durch die besonderen Vibrationen reinigen. Während der Sutrenrezitationen brennt immer ein langes Räucherstäbchen auf dem Altar, und in den Pausen wird das schnell verbrennende Räucherpulver in einem eigenen Räuchergefäß auf glühende Kohle gestreut, um die Anrufungswirkung zu verstärken.

Bei den Buddhisten ist es auch üblich, bei den Mahlzeiten einfache Räucherstäbchen abzubrennen, einerseits als Dank für die Nahrung, andererseits als Opfer für die großen Geister, die uns mit Nahrung versorgen und letztendlich auch als Nahrung für die niederen hungrigen Geistwesen, die uns umgeben.

Anrufungen bei den Indianern

Große alte Meister, große Ahnen oder die Mutter Erde anzurufen, ist auch bei den Indianern üblich. Man setzt sich stundenlang zusammen in ein kleines, gut abgedichtetes Zelt, welches man durch glühende Steine wie eine Sauna aufheizt, die sogenannten Schwitzhütten. Immer wieder wird eine

Pfeife herumgereicht, die mit glosenden Kräutern wie Salbei, Rosmarin oder getrocknetem Wacholder gefüllt ist.

Der Rauch wird nur in die Mundhöhle gezogen und dann auf eigene Körperteile oder andere Teilnehmer geblasen, um negative Energien zu vertreiben, um sich aufeinander einzuschwingen und um sich auf das Anrufen der »großen Väter und Mütter« vorzubereiten. Zwischen den Befragungen der Ahnen, die man für die Gemeinschaft oder jeder einzelne für sich durchführt, werden immer wieder Gesänge und Räucherungen durchgeführt.

Wenn wir all diese Räucherrituale betrachten sehen wir, daß dies alles gar nicht so mystisch oder geheimnisvoll magisch abläuft, wie wir es uns vielleicht anfangs vorgestellt hatten.

Es geht eben nicht in erster Linie darum, daß wir magische Kräfte in und um uns entfachen, sondern vielmehr um unsere innere Entwicklung und Reife. Den Rauch unserer Räucherwerke können wir bei unseren Gebeten als Türöffner, als Verstärker, Wegweiser oder als Leiter verstehen, um in andere Seinswelten vorzudringen.

Gleichzeitig hält uns ein Räucherwerk auch immer einen Spiegel vor und erinnert uns daran, wo wir gerade stehen, damit wir nicht allzu selbstgefällig werden.

Räuchern und Meditation

Anders als bei den Gebets-, Anrufungs- oder Opferritualen wird bei der Meditation der Focus der Achtsamkeit auf die eigenen Gedanken, Gefühle, Rhythmen, Körperteile und schließlich den Geist gerichtet.

Ein gesundes Abwechseln bei den Anwendungsformen wird uns helfen, ein harmonisches Gleichgewicht zwischen unserer inneren Entwicklung und unserem materiellen wie auch feinstofflichen Umfeld herbeizuführen.

Es gibt unzählige Meditationstechniken, und es würde den Rahmen dieses Buches sprengen, wenn ich sie alle hier anführen wollte. So werde ich nur anhand einiger Beispiele darlegen, wie wir bei unseren Meditationen räuchern können.

Grundsätzliches

Bis auf wenige Ausnahmen ist es empfehlenswert, wenn wir bei Meditationsübungen Räucherstäbchen oder Räucherspiralen verwenden. Meistens wollen wir dabei stillsitzen oder eine Yogaübung, einen Tai-Chi-Zyklus, eine Qi-Gong-Übung, Meditationstänze etc. in Ruhe und ohne Ablenkungen durchführen. Das ständige Nachlegen von Räucherwerk auf eine Kohle würde uns dabei nur ablenken und auch auf Dauer zu intensiv rauchen.

Das Räucherwerk

Die in geschlossenen Räumen am besten verwendbaren Meditationsräucherwerke sind japanische Räucherstäbchen mit mildem Duft und ohne Stützholz.

Typische buddhistische Zutaten für solche Stäbchen sind: Sandelholz, Aloeholz (wird je nach Qualität auch Jinkoh oder Kyara genannt), Kampherholz und Kristalle, Zimtrinde, Nelke, Ingwer, Zeder, Pinie, Jambulrinde, Benzoe, Weihrauch, Patchouli, Myrrhe, Moschus und Ambra (heute selten verwendet, weil sehr teuer!).

Das Verbrennen von Räucherstäbchen birgt eine tiefe Symbolik.

Der Duft dieser Stäbchen soll unsere aufsteigenden Gedanken und Gefühle besänftigen und unseren Geist wachhalten. Die Glut des Stäbchens soll uns wie eine Fackel den Weg zu den noch unbeleuchteten Stellen in unserer Seele erhellen, während der Rauch uns die beständige Dynamik der Transformation und Auflösung in unserem Leben vor Augen hält. Die am Ende übrigbleibende Asche in unserem Räuchertopf erinnert uns daran, daß wir selbst (bzw. unser Körper) aus Asche gemacht sind und auch wieder zu Asche werden.

Wenn Sie sich beim Entzünden eines Räucherstäbchens diese Symbolik bewußt machen, werden Sie dadurch schon sehr gut auf die folgende Meditation vorbereitet.

Bei der Auswahl der Räucherstäbchen sollten Sie darauf achten, daß der Duft nicht zu aufdringlich oder störend wirkt. Ich selbst verwende bei meinen Meditationen am liebsten Stäbchen mit reinem Sandelholz, manchmal auch gemischt mit Aloeholz (Kyara, Jinkoh), Kampher, Zimt oder Lotus.

Die Zeremonie

Bevor ich mit einer Meditation beginne, verneige ich mich vor meinem Altar mit gefalteten Händen, um meiner Bereitschaft Ausdruck zu verleihen, mich innerlich allem zu beugen, was ich in der folgenden Meditation an Erkenntnissen zugetragen bekommen werde. Dann schlage ich einen Gong, um meinen Geist auf die Übung vorzubereiten.

Wenn der Klang des Gongs verhallt ist, entzünde ich eine Kerze auf dem Altar und reinige den Räuchertopf von alten Räucherstäbchenresten, indem ich sie mit einer Pinzette aus dem Sand fische, an der Kerzenflamme entzünde und wieder in den Topf lege.

Als nächstes suche ich mir ein passendes Räucherstäbchen aus meiner Sammlung, halte es über die Kerze, bis es brennt, und fächle die Flamme an der Stäbchenspitze durch kreisende Handbewegungen aus. Zusammen mit dem nun rauchenden Stäbchen verneige ich mich nochmals und opfere damit den ersten Rauch dem großen Unaussprechlichen.

Erst danach stecke ich das Stäbchen in den Räuchertopf und beginne mit meiner Meditationsübung.

Am Ende der Meditation verneige ich mich wieder vor dem Altar und entzünde in gleicher Weise wie vorhin ein weiteres Räucherstäbchen, um mich für alles Erlebte und Erkannte zu bedanken und den Raum von allen von mir losgelösten negativen Schwingungen wieder zu reinigen. Dazu öffne ich auch das Fenster.

Wenn ich nach einer Meditationsübung das Gefühl habe, daß sehr viele unklare oder bedrückende Schwingungen im Raum sind, besonders dann, wenn andere Menschen mit mir zusammen geübt haben, führe ich noch eine Reinigungsräucherung auf Kohle durch.

Bei Meditationen im Freien verwende ich gerne chinesische Sandelholzräucherstäbchen mit Bambusstützholz, weil mich ihr Duft an die herrliche weite und feine Atmosphäre in vielen Teilen Asiens (Taiwan, Hongkong, Malaysia, Singapur, Thailand) erinnert, wo durch die vielen Millionen Menschen, die dort auch heute noch täglich damit räuchern, eine viel geistvollere Stimmung herrscht als hierzulande.

Natürlich können wir auch meditieren, ohne ein Räucherstäbchen abzubrennen, aber durch ein gutes Räucherwerk erfährt unsere Übung eine ganz andere Tiefe und Intensität.

Eine der wenigen Ausnahmen, bei denen man für eine Meditation auch auf Kohle Räucherwerk verbrennen kann, ist die Chakrenmeditation.

Räuchern bei der Chakrenmeditation

Bei der Chakrenmeditation können Sie durch ein Kohleräucherwerk sehr kraftvolle Erlebnisse haben. Wichtig ist nur, immer bei weit geöffnetem Fenster oder im Freien zu meditieren. Sie können natürlich Räucherstäbchen anwenden, doch ist die Wirkung dann nicht ganz so stark.

Wörtlich aus dem Indischen übersetzt bedeutet Chakra »Rad«.

Wie das Wasser, das in einer spiralförmigen Bewegung in ein Erdloch strömt, fließen nach indischer wie auch chinesischer Sicht die verschiedenen Kräfte des Kosmos an mehreren Stellen unseres Körpers in uns ein und aus. Diese Punkte stellt man sich als Energieräder (Chakren) vor, die als zentrale Verarbeitungsstellen für verschiedene innere und äußere feinstoffliche Kräfte dienen.

In ihnen treffen die kosmischen (äußeren) Energien auf unseren eigenen Charakter, Körper und unsere geistigen Energien und beeinflussen sich gegenseitig.

Der Verlauf der Chakren beginnt an der Basis der Wirbelsäule und endet am Scheitel unseres Kopfes. Die einzelnen Chakren öffnen sich wie Blüten von der Wirbelsäule weg nach vorne.

In welcher Form die uns umgebenden Kräfte auf uns einwirken, hängt von der jeweiligen Verarbeitungsfähigkeit (oder auch Reinheit) der verschiedenen Chakren ab. Alle unsere Gedanken, Gefühle, Wünsche und Handlungen beeinflussen die Chakren.

Der Kreislauf unserer Taten (in Indien Karma genannt) schließt sich in diesen Chakren und kann durch verschiedene Aktivitäten unsererseits positiv oder negativ beeinflußt werden. Die Räucherungsmeditation für die Chakren gilt als wirkungsvollste Behandlung, die wir durch andere Techniken, z. B. Behandlungen mit Edelsteinen, Metallen, Klängen, Farben, Massageölen etc. noch unterstützen können.

Entsprechend der Yoga-Philosophie gibt es 7 Hauptchakren und ein achtes Zusatzchakra (das sog. Nektar-Erzeugungs-Zentrum) unter dem Haarwirbel am Oberhaupt. Meistens wird nur auf die 7 Hauptchakren meditiert.

Die Chakrenmeditation wirkt auf drei Ebenen:

- Körperlich (materielle Ebene): An jeder Zone gibt es bestimmte Drüsen und/oder Nervenzentren, die von unserer Behandlung beeinflußt werden. Besonders unser Immunsystem wird dadurch gestärkt.

- Seelisch (astrale Ebene): Hier wirkt die Übung auf unsere Gedanken, Gefühle und Motive ein und harmonisiert und stabilisiert unseren Gemütszustand.
- Geistig (spirituelle Ebene): Hier werden unser Verstehen und unsere Selbsterkenntnis gesteuert. Auf dieser Ebene erleben wir heute die größten Ungleichgewichtszustände, da wir normalerweise immer nur nach Wissen streben und richtiges Verstehen leider meistens auf der Strecke bleibt. Aber im Feld des Geistigen gibt es kein Wissen, das konsumiert werden kann. Erst wenn wir uns auch der spirituellen Ebene bewußt stellen, ist eine wirkliche geistige Entwicklung oder Transformation möglich.

Am Ende dieses Kapitels finden Sie eine Übersicht über den Sitz der Chakren und ihre Beziehung. Sie können dort auch nachlesen, welche Räucherstoffe dem jeweiligen Chakra entsprechen und mit welchen anderen Methoden und Elementen Sie die Chakrenmeditation erweitern können.

Wer seine eigenen Mischungen für die Chakren zubereiten will, dem sei empfohlen, jeder Mischung entweder Weihrauch (boswellia sacra) oder Sandelholz beizumengen, da diese beiden Substanzen am besten die Richtung zur geistigen Transformation bewirken.

Die Zeremonie

Bevor Sie mit Ihrer Meditationsübung beginnen, bereiten Sie alle nötigen Utensilien vor:

- Ein Sitzkissen oder einen geraden, einfachen Stuhl.
- Unsere Räucherschale mit einer glühenden Kohle darin wird in Griffweite aufgestellt.
- Unsere verschiedenen Räucherwerke für jedes Chakra.
- Wer will, kann auch noch eine Kerze, einen Gong, ein Klangholz oder eine Schelle mit dazustellen.

Setzen Sie sich mit geradem Rücken auf den Boden und kreuzen Sie Ihre Beine. Wer sich mit dieser Haltung schwer tut, kann sich auch auf einen Stuhl setzen; es ist nur wichtig, daß der Rücken gerade ist und die Beine nicht ausgestreckt sind.

Dann atmen Sie einige Male tief ein und aus und lassen dann den Atem ruhig von selbst fließen. Stellen Sie sich vor, daß mit jedem Einatmen eine weißstrahlende Energie mit eingezogen wird, die sanft Ihren Körper durchströmt, reinigt und entspannt. Beim Ausatmen lassen Sie alle Verspannungen und negativen Energien ausströmen.

Wenn Sie sich richtig entspannt fühlen, geben sie die Räuchermischungen für Ihr Basischakra auf die Kohle. Während der Rauch emporsteigt, gehen Sie im Geiste zu Ihrem Sexualzentrum und reinigen es, indem Sie ruhig dorthin atmen. Fächeln Sie den Rauch der Räuchermischung dorthin, um die Wirkung zu unterstützen. Dann vergegenwärtigen Sie sich die Energie, die Sie von hier auflädt, und gehen weiter zum nächsten Zentrum (Unterbauchzentrum). In dieser Art verfahren Sie von unten nach oben mit jedem Chakra. Am Ende bleiben Sie noch einige Zeit still sitzen, schlagen den Gong oder das Klangholz und beenden die Meditation.

Räuchern für Verstorbene

In alten Zeiten wurde bei allen Totenzeremonien heftig geräuchert. Man wollte damit der Seele des Verstorbenen den Weg ins Jenseits weisen. Der heilige Rauch sollte auch Trost spenden und die Seele bei ihrer Reise in die Ewigkeit vor negativen Geistern und Einflüssen schützen. Die Menge an Räucherwerk, die für einen Toten verräuchert wurde, war auch ein Zeichen für sein Ansehen und seinen Reichtum. Für verstorbene große Herrscher oder deren Gemahlinnen wurde deshalb oft tonnenweise edelste Harze und Hölzer verbrannt.

Chakren-Übersicht – die 7 Hauptchakren

Chakren Bezeichnung, Charakter, Element	*Laute* Mantras, Sutren, Gebete	*Klänge* Musik	*Farben* als Licht, Edelstein, Visualisierung
Scheitelzentrum SAHASRAR, höchste Erkenntnis, Verstehen, göttliches Sein	OM, HI-FU (ein)-(aus), Ching, hohes »M«	Stille	*innen:* farblos, violett, weißgold, *beruhigend:* grün
Stirnzentrum »Drittes Auge«, AJNA, Licht, Leere, Bewußtsein, alle Sinne u. Denken, Achtsamkeit, Geist-Spiritualität	OM, NI, CI, IM, SUNG, KSHAM	helle Töne, helle Gongs, Schellen bzw. Klanghölzer, Sitar, Geige, Flöte, Orgel, New Age, Klassik	*innen:* weiß *aktivierend:* indigo, blau *beruhigend:* orange
Halszentrum VISHUDDHI, Äther, Raum, Hören, Selbstbewußtsein, Seinsresonanz, Ausdruck, Kommunikation	HAM, HE	Obertöne, Saxophon, Klarinette, Trompete, Klassik, New Age, Jazz	*innen:* violett, *aktivierend:* orange, *beruhigend:* türkis
Herzzentrum ANAHAT, Luft, Liebe, Hingabe, Berührung (körperlich, seelisch, geistig)	YAM, SU, MU, HOOO	langsame Klassik, z.B. Adagio, Ave Maria, Largettos, auch gute Rockmusik, New Age, z.B. Fiery Ring oder Vangelis	*innen:* hellblau, *aktivierend:* rosa (außen), *beruhigend:* grün, blau

Edelsteine Bergkristall kann immer verwendet werden	*Metall* z. B. homöopathisch zur Einnahme	*Mineral*	*Geschmack*	*Räucherstoffe*
Diamant, Amethyst, Sugilith, Spinell, Turmalin	Gold	Fluor		Weihrauch, Sandelholz, Copal, Myrrhe, Dammar
Lapislazuli, Azurit, Sodalith, Saphir, Falkenauge, Opal	Silber	Chlor		Mastix, Veilchenwurzel, Kampher, Basilikum, Pfefferminze, Jasmin, Rosmarin, Immortelle, Weihrauch, Wacholder, Sandelholz, Aloeholz
Türkis, Chalzedon, Aquamarin, blauer Topas, blauer Turmalin	Quecksilber	Silizium	sauer	Salbei, Lavendel, Mastix, Benzoe, Weihrauch, Eukalyptus, Sandelholz, Lorbeer
Peridot, Rosenquarz, Malachit, Turmalin, Rhodochrosit, Jade, Smaragd, Moosachat, Koralle, Chrysokoll	Kupfer	Kalium	zusammenziehend	Rose, Iriswurzel, Myrte, Melisse, Zimt, Nelke, Sandelholz, Perubalsam, Copaivabalsam, Weihrauch

Chakren-Übersicht – die 7 Hauptchakren

Chakren Bezeichnung, Charakter, Element	***Laute*** Mantras, Sutren, Gebete	***Klänge*** Musik	***Farben*** als Licht, Edelstein, Visualisierung
Oberbauchzentrum MANIPUR, Solarplexus, Feuer, Sehen, Sonne, Gefühle, Motivation, Kraft	RAM, MOO, HUU, SSUU	rhythmische Musik, z. B. latein- amerika- nische oder afrikanische Musik	*innen:* gelb *aktivierend:* orange, rot
Unterbauchzentrum SVAD HISTHAN, Vitalzentrum, Hara, Wasser, Schmecken, vitale Bedürfnisse, Sicherheit	VAM, TO, KO, TSCHUI, KIAI	sanfte, fließende Musik, New Age, Klassik, z.B. Klavier, Bach, Orgel	*innen:* orange *beruhigend:* grün
Basiszentrum Sexualzentrum, Erde, Riechen, Sexualität, Fortpflanzung, neueAnstöße, Unterbewußtsein, Sitz der Kundalini	LA, HA, KA, CHIO	schwerer Rhythmus, z.B. india- nische oder afrikanische Musik	*innen:* rot *aktivierend:* magenta *beruhigend:* blau

Edelsteine Bergkristall kann immer verwendet werden	*Metall* z. B. homöopathisch zur Einnahme	*Mineral*	*Geschmack*	*Räucherstoffe*
Bernstein, Citrin, Rutil, Tigerauge, Pyrit-Sonne	Eisen	Schwefel	scharf	Benzoe, Zimt, Nelke, Sandelholz, Rosmarin, Lavendel, Cistrose, Melisse, Kamille, Weihrauch, Immortelle
Karneol, Sonnenstein, Mondstein, Perle, Beryll	Zinn	Natrium	salzig	Vanille, Tolu, Styrax, Benzoe, Rosenholz, Weihrauch, Drachenblut, Sandelholz, Myrrhe, Angelikawurzel
Rubin, Hämatit, roter Jaspis, Granat, Onyx, Obsidian	Blei	Kalzium	bitter	Zeder, Narde, Moschus, Sandelholz Aloeholz, Copal, Nelke, Patchouli, Vetiver, Eichenmoos, Cistrose, Myrrhe, Weihrauch, Kampher, Dammar

Natürlich wirkt das Räuchern auch als Balsam für die Seelen der Hinterbliebenen. Die dabei geschaffene Atmosphäre ließ die jenseitigen Welten fast greifbar für die Lebenden werden und machte ihnen gleichzeitig auf eine versöhnliche Weise deutlich, daß auch ihr eigenes irdisches Leben eines Tages vergehen würde.

Der fein duftende Rauch half den engen Verwandten und Freunden, die Erlebnisse und Gefühle, die sie mit dem Toten verbanden, noch einmal an sich – wie Rauch – vorbeiziehen und dann loszulassen. Denn man war der Meinung, daß ein Verstorbener nur dann die Erde in Frieden verlassen konnte, wenn keiner der Hinterbliebenen ihn mehr im Geiste oder im Herzen festhielt.

In China war es sogar üblich, für einen Dahingeschiedenen fröhlich zu feiern, da er jetzt doch sein schweres irdisches Leben endlich überwunden hatte und sich auf dem Weg in die »reinen Länder Buddhas« befand.

Wir sehen, daß die Räucherzeremonien bei Totenfeiern einst als sehr wichtig angesehen wurden. Nun mag es in der heutigen Zeit für die anderen Trauernden etwas befremdlich erscheinen, wenn wir bei unseren eher steril und nüchtern durchgeführten Begräbnissen mit einem Räuchertopf oder einer Räucherschale erscheinen. Eine Räucherung für einen uns nahestehenden Menschen können wir deshalb bei uns zu Hause durchführen, wo niemand anderer an unserer persönlichen Art, Abschied zu nehmen, Anstoß nehmen kann. Wie können wir nun eine Räucher-Geleitzeremonie für einen Verstorbenen durchführen?

Das Räucherwerk

Bei solchen Anlässen verwende ich gerne ein Räucherwerk, das ich auf der Kohle verbrenne. Eine sehr angenehme Mischung ist: Weihrauch, Myrrhe, Mastix, Sandelholz, Benzoe und etwas Kampher. Diese Substanzen helfen, beim Verräu-

Räucherung für Verstorbene

3 TL Sandelholzpulver	2 TL Weihrauch
1 TL Myrrhe	1 TL Styrax oder Benzoe
1 TL Iriswurzelpulver	

Das Sandelholz kann vorher auch mit 6–8 Tropfen Rosenholz vermengt werden.
Prisenweise verwenden. Nicht vorhandene Stoffe können ersetzt oder weggelassen werden.

chern eine erhebende, friedliche und zugleich klärende Stimmung zu erzeugen.

Die Zeremonie

Ich stelle mir meine Räucherschale, meinen Gong, eine Kerze und ein Klangholz zurecht. Dann öffne ich das Fenster, setze mich dazu, entzünde die Räucherkohle, streue zuerst eine Prise Gozan-Koh (zenbuddhistisches Räucherpulver) auf die glühende Kohle und schlage im Gedenken an den Verstorbenen meinen Gong.

Während der Rauch und der klare Klang des Gongs den Raum erfüllen, lasse ich die aufkommenden Gedanken und Emotionen, die mich mit dem dahingeschiedenen Menschen verbinden, an mir vorbeiziehen und schicke sie zusammen mit dem Rauch des Räucherwerkes in die Stille der Ewigkeit.

Ist die Prise des Räucherpulvers verdampft, streue ich eine Prise meiner eigenen Räuchermischung auf die Kohle. Der kräftige Duft dieser neuen Räucherung intensiviert sowohl die Erinnerungen als auch die Achtsamkeit, mit der ich die Bewegungen in meinem Inneren beobachte. Immer wenn die Trauer, der Schmerz oder andere Gefühle zu stark werden, schlage ich den Gong. Diesen Vorgang wiederhole ich solange, bis sich die hohen Wogen der Gefühle und Gedanken geebnet haben und ich mich bereit fühle zu akzeptieren, daß dieser Mensch mein materielles Umfeld verlassen hat.

Dieser Prozeß kann, je nach Intensität und Art der Beziehung, auch länger dauern als eine Räuchersitzung. Jeder spürt, wenn es für dieses Mal genug ist, und dann sollte man auch aufhören. Im Bereich des Seelischen und Geistigen können wir nichts erzwingen.

Am Ende des Räucherrituals schlage ich einige Male stark das Klangholz, um die Wolken, die meinen Geist verdunkeln, wieder zu vertreiben. Wer kein Klangholz besitzt, kann einen ähnlichen Effekt durch ein Klatschen der Hände erzielen. Danach stehe ich auf, verbeuge mich vor meinem Räucheraltar und entzünde an der Kerze ein langes Räucherstäbchen, das ich in den Räuchertopf auf meinem Altar stecke.

Für drei bis vier Tage lasse ich dort fast ständig ein Räucherstäbchen brennen. Irgendwann, wenn die Zeit reif ist, setze ich mich ruhig zum Altar, stelle in meinem Geist nochmals den Kontakt zum Verstorbenen her und wünsche ihm in Stille mit all meiner Liebe, die ich empfinde, alles Gute auf seiner weiteren Reise.

Bevor wir so weit sind, ist es wichtig, daß wir alle Ich-bezogenen Gefühle und Gedanken, wie »ich vermisse Dich«, »ich wollte Dir noch soviel sagen oder geben«, »ich bin so traurig«, »ich weiß nicht mehr, was ich jetzt tun soll«, »ich kann Dir (oder mir) nicht vergeben« etc. in unseren Räuchersitzungen »in Rauch aufgelöst« haben.

Das beste, was wir nach dem Tode eines Menschen für uns und ihn noch tun können, ist: mit ihm Frieden zu schaffen und ihm alle uns mögliche Zuneigung und Liebe zu schicken. Als Helfer und Vermittler ist hier Räuchern (egal, ob als Stäbchen oder als Räucherwerk) ein hervorragendes Mittel.

Wenn wir mit allen Todesfällen in dieser Art verfahren könnten, würden wir nicht soviel Trauer und Schmerz mit uns herumtragen und der Tod selbst würde einen ganz neuen, versöhnlicheren Platz in unserem Leben einnehmen. Denn gerade das Thema Tod verdrängen wir gerne aus unserem

Mischung für trauernde oder verletzte Menschen

3 TL SANDELHOLZPULVER (VERMISCHT MIT 6 TROPFEN ÄTHERISCHEM ROSENÖL)	1 TL WEIHRAUCH
	1 TL ZEDER
	1 TL STYRAX
1/2 TL MYRRHE	1/2 TL BENZOE

Prisenweise verwenden. Nicht vorhandene Stoffe können ersetzt oder weggelassen werden.

Alltag. Dabei ist jedes Zubettgehen am Abend ein kleines Sterben – wir müssen Abschied nehmen von den Ereignissen des Tages (sie werden in dieser Art nie wiederkehren!) und von unserem Umfeld. Denn der Schlaf ist auch eine andere Dimension, in der die Welt einen anderen Stellenwert hat.

Oft reißt uns der Tod eines geliebten Menschen aus unserem »Dornröschenschlaf«, und wir bemerken nach einiger Zeit, wie wichtig dieses schmerzvolle Erlebnis für unser geistiges Leben war.

Dadurch lernen wir vielleicht, mit dem Werden und Vergehen in der Welt bewußter umzugehen, und räuchern regelmäßig abends, um uns in einem kleinen Räucherritual vom vergangenen Tag zu verabschieden. Es würden schon ein paar Minuten genügend, die uns jedoch viel Zeit (beim Psychologen) oder Geld (für Beruhigungsmittel, Alkohol o. ä.) ersparen.

Es gibt allerdings noch eine zweite Art, für Verstorbene zu räuchern. Speziell dann, wenn dieser Mensch geistig hoch entwickelt war, können wir ihn auch bei persönlichen Konflikten oder Problemen in einer Räucherzeremonie anrufen und um Hilfe bitten. Auch diese Technik der Ahnenanrufung hat eine lange Tradition in den verschiedensten Kulturen.

Nur sollen Sie diese Anrufungen nicht in der Zeit kurz nach dem Tode dieses Menschen machen. Sie sollten mindestens drei Monate vergehen lassen, bevor Sie damit beginnen. Diese Zeit ist für den Verstorbenen wichtig, um sich auf seine neue Seinsebene einzustellen, und dabei sollten wir nicht stören (Siehe Kapitel »Anrufungs-, Gebets- und Opferäucherungen«).

Orakelräucherungen

Ein Orakel anzurufen ist auch heute wieder sehr modern. Dabei sind nicht Kaffeesatz oder Hühnerknochen gefragt, sondern in erster Linie alte asiatische Orakeltechniken, wie zum Beispiel das Befragen des »I-Ging«. Dazu werden meistens Münzen oder Schafgarbenstäbe geworfen und nach einem bestimmten System, das man nachlesen kann, ausgewertet.

Viele Leute, die heute dieses alte chinesische Orakelbuch zu Rate ziehen, wissen nicht, daß früher bei keinem wie auch immer gearteten Orakel ein Räucherwerk fehlen durfte. Das Räucherwerk soll dabei unseren Geist öffnen und aufnahmefähig machen für die Antworten, die wir uns beim Befragen des Orakels erhoffen. Gleichzeitig dient es als Opfergabe, die wir dem Geist des Orakels darbringen. Denn Demut ist bei einer ernsthaft durchgeführten Orakelanrufung eine wichtige Voraussetzung. Die Antworten werden von uns ehrlicher übersetzt und ausgelegt, wenn wir dabei die Kraft eines Räucherwerkes nutzen.

Orakelmischung

2 TL SANDELHOLZ
1 TL MASTIX
1 TL SAFRAN
1 TL MUSKATNUSS
1 TL WEIHRAUCH
1 TL LORBEER
1 TL PATCHOULI

Prisenweise verwenden. Nicht vorhandene Stoffe können ersetzt oder weggelassen werden.

Das Räucherwerk
Räucherstoffe für Orakelräucherungen:

- Harze: Weihrauch, Myrrhe, Drachenblut, Copal, Dammar, Benzoe, Traganth, Opoponax, Perubalsam, Tolu, Mastix, Sandarac
- Hölzer: Kräuter, Wurzeln und Blüten: Lorbeer, Angelikawurzel, Kalmus, Patchouli, Veilchenwurzel, Lavendel, Safran, Wacholder, Sage, Süßgras.

Die verschiedenen Räucherzutaten können nach Belieben untereinander gemischt werden. Wem das Räuchern auf Kohle dabei zu intensiv erscheint, der kann sich auch mit guten Räucherstäbchen behelfen. Wer einmal erlebt hat, wie energetisch, feierlich und intensiv eine Orakelsitzung durch das Anwenden von gutem Räucherwerk ist, der wird es nicht mehr missen wollen.

Die Zeremonie
Normalerweise wird das entfachte Räucherwerk zuerst in der Runde herumgereicht, und jeder fächelt sich zur Reinigung etwas Rauch über Kopf und Körper. Danach wird die Räucherschale abgestellt, man verneigt sich schweigend gemeinsam und beginnt dann mit dem jeweiligen Orakelritual. So schwingt sich die Gruppe auf das nun folgende Befragungsritual ein und öffnet die Pforten zu den transzendenten Welten.

Außer dem I-Ging kann man natürlich auch mit einem Medium arbeiten. Das ist im Orient, in Afrika wie auch in Südamerika heute noch üblich. In diesen Fällen wird meistens von dem Medium – ob Medizinmann oder Wahrsagerin – schon eine spezielle Räucherwerksmischung verwendet, die zum Problem oder der jeweiligen Frage paßt.

Diese Orakelbefragungen mögen manchen Menschen etwas seltsam erscheinen, aber ist denn nicht auch das »um Rat fragen« bei Freunden, Bekannten oder Psychologen ein herumorakeln, was der einzelne tun oder lassen sollte? Ich selbst bevorzuge, wichtige Fragen in meinem Leben bei einem Räucherritual zu klären.

Dazu stelle ich meine Räucherschale auf, streue eine Mischung aus Sandelholz, Lorbeer, Weihrauch, Drachenblut und Mastix auf die glühende Kohle und betrachte die Frage oder das Problem in Ruhe, wie ein Zuschauer im Kino. Dann lasse ich die Vor- und Nachteile gewisser Aktionen und Reaktionen vor meinem geistigen Auge vorbeiziehen. Wenn ich das Gefühl habe, daß ich nicht weiterkomme, schlage ich einen Gong oder ein Klangholz, gebe erneut eine Prise Räucherwerk auf die Kohle und stelle mich dann wieder der Frage oder dem Problem.

Nach einiger Zeit, wenn alle wesentlichen Facetten und Möglichkeiten durchgespielt sind, werde ich meistens ganz still, und die Nebel der unangenehmen oder unklaren Gefühle und Gedanken lösen sich auf. Dann gebe ich noch etwas Sandelholz mit Perubalsam auf die Kohle, verneige mich und lausche, was mir jetzt meine innere Stimme sagt. Dazu stelle ich vorher eine klare Frage, z. B.: Soll ich dieses oder jenes tun oder nicht?

Die Antwort kommt dann fast immer prompt und klar entweder als »Gefühl im Bauch« oder als innere Stimme. Wenn wir ein wenig mehr auf unsere innere Stimme und unser »Bauchgefühl« hören würden, blieben uns viele unangenehmen Situationen und Erlebnisse erspart. Egal, ob wir dazu Unterbewußtsein, Schutzengel, gute Geister etc. sagen, alleine wenn wir wissen, daß es so etwas gibt, und versuchen, in uns hineinzuhören, wird uns das dafür sensibilisieren. Mit der Zeit werden wir dann auch ohne Orakelritual unsere innere Stimme stärker wahrnehmen und ihr mehr

Vertrauen schenken. Das Räucherwerk wird uns dabei jedoch immer als Verstärker und Wegbegleiter hilfreich zur Seite stehen.

Am Ende der Orakelsitzung schlage ich nochmals einen Gong, verneige mich und zünde ein Räucherstäbchen an als Opfergabe oder Geste der Dankbarkeit für die Hilfe, die ich bekommen habe.

Liebesräucherungen

Die Liebe ist wahrscheinlich das komplexeste und schwierigste Thema für uns Menschen. Unser Körper sehnt sich nach lustvollen Berührungen, unsere Seele sucht verzweifelt nach dem liebevollen spiegelbildlichen Widerpart, während unser Geist sich der allumfassenden spirituellen Liebe öffnen möchte. Dieses Verwirrspiel der Gefühle und Sehnsüchte in uns hat schon so manchen leidenschaftlichen Menschen um sein Geld, seinen Verstand, manchmal sogar um sein Leben gebracht.

Bevor wir uns also an eine Liebesräucherung machen, müssen wir für uns entscheiden, auf welcher Ebene wir im Moment Liebe suchen.

Gegen die sinnliche, erotische Liebe ist nichts einzuwenden, doch es ist wichtig, sich klarzumachen, daß körperliche Liebe ohne seelische Liebe meistens nur sehr kurz brennt. Seelische Liebe zusammen mit körperlicher Liebe hält länger, wird aber in Krisenzeiten auf eine harte Probe gestellt, wenn uns die spirituelle Liebe fehlt. Spirituelle Liebe alleine hingegen wird nur sehr selten gelebt, da sie ohne die anderen beiden Aspekte leider oft einen lebensfernen, arroganten Beigeschmack erhält.

Das ausgewogene Maß aller drei Ebenen ist wichtig für ein harmonisches und glückliches Leben. Dazu benötigen wir nicht unbedingt den Idealpartner an unserer Seite. Es ist alles eine Frage unserer Einstellung und unseres Bewußtseins.

Im folgenden beschreibe ich ausführlich, wie die Zeremonien für jede der drei Ebenen verlaufen:

- Die erotische, sinnliche Liebe
- Die seelische Liebe
- Die geistige Liebe.

Wenn Sie für sich geklärt haben, um welchen Aspekt es bei Ihrem Räucherritual geht, können Sie beginnen.

Erotische, sinnliche Liebe

Das Räucherwerk

Passende Räucherzutaten hierfür sind:

- Harze: Benzoe, Tolu, Amber, Perubalsam, Copaivabalsam
- Hölzer: Sandelholz, Aloeholz, Zimt
- Kräuter und Blüten: Safran, Rose, Jasmin, Ylang-Ylang, Pfeffer, Iriswurzel, Nelke

Die Zutaten können beliebig gemischt werden.

Für sinnliche Erotik sind zwei Kriterien ausschlaggebend: unsere eigene Ausstrahlung und die Atmosphäre, in der wir uns mit dem Liebesobjekt treffen.

Die Zeremonie für unsere Ausstrahlung

Wer auf andere Menschen attraktiv, interessant und erotisch wirken will, braucht Charisma. Niedergeschlagene, frustrierte Menschen wirken auf andere oft genauso abstoßend wie übertrieben heitere oder unsichere Personen.

Für eine positive Ausstrahlung sollten Sie regelmäßig (wenigstens zwei- bis dreimal pro Woche eine halbe Stunde lang) eine Besinnungsräucherung durchführen. So können Sie Ihren »emotionalen Koffer« loslassen und sich darüber klar werden, was Sie vom Leben und Ihrem Liebespartner erwarten.

Erotikräucherung

3 Tl Sandelholzpulver
1 Tl Labdanum
1 Tl Patchouli
1 Tl Nelke oder Zimt
1 Tl Koriander
1 Tl Benzoe
1 Tl Safran

Prisenweise verwenden. Nicht vorhandene Stoffe können ersetzt oder weggelassen werden.

Dazu zünden Sie Ihre Räucherkohle an, geben etwas von Ihrer Liebesmischung darauf und betrachten zunächst alle Probleme und Konflikte, die Sie im Moment belasten. Dann lassen Sie sie mit dem Rauch ins Nichts ziehen. Nun stellen Sie sich den Menschen vor, den Sie als erotisch empfinden, und lassen alle Gefühle der Gier, der Unsicherheit etc. sich im Rauch auflösen, bis Sie ihn freundlich und ohne Schüchternheit oder Scham im Geiste anlächeln können. Danach überlegen Sie, was Sie mit ihrem Liebespartner alles unternehmen möchten und wie Sie sich dabei fühlen. Zwischendurch geben Sie immer etwas neues Räucherwerk auf die glühende Kohle. Am Ende schlagen Sie einen Gong oder klatschen einige Male mit den Händen.

Durch diese Art von Übungen werden wir innerlich sicherer und ausgeglichener, und die Kraft, die wir durch diese Meditationen erhalten, wird uns für andere Menschen interessanter machen. Nebenbei werden uns Mißerfolge nicht mehr so stark zu schaffen machen wie vorher.

Die Zeremonie für die Atmosphäre

Wenn wir uns mit einem Menschen treffen, an dem wir ein erotisches Interesse haben, sollten Ort, Zeit und unsere innere Verfassung stimmen.

Über unsere innere Verfassung haben wir gerade gesprochen. Der Ort sollte eine ruhige und heimelige Atmosphäre haben, die Vertrauen und Entspannung bewirkt. Dies können wir durch ein zartes Räucherstäbchen mit einem passenden Duft und gut plaziertem Kerzenlicht sehr gut bewerkstelligen, egal, wo wir uns befinden.

In unserem eigenen Heim können wir auch (mindestens eine halbe Stunde vorher!) unsere Liebesräucherung auf Kohle durchführen, nur sollten wir danach unbedingt gut lüften. Das Lüften hat dabei keinen Einfluß auf die Atmosphäre, die wir durch die Räucherung erzielen, bringt aber den vielleicht störenden Rauch ins Freie, was für das entspannte Atmen sehr von Vorteil ist.

Seelische Liebe

Hier machen wir ein Räucherritual, um mit einem von uns geliebten Menschen auch auf feinstofflicher Ebene in Kontakt zu treten. Die dafür passenden Räucherzutaten sind gleich wie bei der Erotikräucherung.

Bei der »seelischen Liebesräucherung« gehen wir davon aus, daß wir den Menschen kennen, zu dem wir uns von Herzen hingezogen fühlen, daß dieser Mensch unsere Gefühle jedoch nicht kennt oder erwidert. Eine weitere Möglichkeit ist, daß wir mit unserem geliebten Partner einen Konflikt hatten oder daß wir von unserem Partner zur Zeit getrennt sind und uns hilflos und einsam fühlen.

In diesen Fällen sollten Sie mit einem Räucherwerk auf glühender Kohle räuchern. Das Verbrennen eines Räucherstäbchens ist dabei nicht so wirksam. Wichtig ist, dabei gut zu lüften: Am besten wird diese Zeremonie abends ausgeführt.

Die Zeremonie

Für dieses Liebesräucherritual setzen Sie sich zu Ihrem Altar – am besten mit einem Bild des geliebten Partners – und entzünden erst eine Kerze und dann die Räucherkohle. Danach geben Sie etwas Liebesweihrauch auf die Kohle, schlagen einen Gong oder eine Schale und betrachten das Bild des herbeigesehnten Menschen.

Als nächstes vergegenwärtigen Sie sich die Gefühle, die Sie mit diesem Menschen verbinden, und Sie lassen vor Ihrem geistigen Auge sein Wesen entstehen. Dabei stellen Sie sich vor, wo er sich gerade befindet und was er gerade tut. Nach einigen Anläufen wird der angerufene Mensch fast greifbar in Ihrem Inneren erscheinen. Dann ist der feinstoffliche Kontakt hergestellt, und Sie können ihm jetzt all Ihre Zuneigung und innigen Gefühle übermitteln.

Dazu geben Sie nochmals etwas Liebesweihrauch auf die Kohle und schlagen sanft den Gong. Durch diese Art von Räucherung werden Sie eine ganz neue Art von Beziehung erleben, und die Nähe zu Ihrem Partner (oder Freund, Verwandten ...) wird nicht durch Entfernungen oder Umstände begrenzt sein.

Geistige Liebe

Die dritte Ebene der Liebe ist am schwersten zu beschreiben. Nur wenige Menschen setzen sich damit bewußt auseinander. Einen Menschen zu lieben, egal, ob körperlich oder seelisch, ist uns geläufig, das können wir einordnen. Aber einfach so zu lieben, das Leben, die Welt, alle Menschen mit einem vor Liebe überfließenden Herzen, das ist uns dann doch etwas zu viel. Und dennoch haben wir vielleicht schon irgendwann einmal für einen kurzen Zeitraum diese unbegreifliche und unbeschreibliche Liebe gefühlt, in der wir eins sind mit allem und jedem und wir die ganze Welt umarmen könnten.

Es mag vielleicht eigenartig anmuten, aber auch diese Ebene der Liebe läßt sich durch Räucherrituale erschließen. In fast jeder Religion finden wir dazu Anleitungen, und alleine

Liebesräucherung (zum Öffnen des Herzens)

Rosenblüten	Sandelholzpulver
Koriander	Zimt
Nelke	Safran
Iriswurzel	

Zu gleichen Teilen mischen: je 1 Gramm oder 1 Teelöffel. Prisenweise verwenden. Nicht vorhandene Stoffe können ersetzt oder weggelassen werden.

zu diesem Thema ließen sich viele Bücher füllen. Doch hier werde ich nur eine kurze und einfache Anleitung vorstellen.

Das Räucherwerk

Bei der spirituellen Liebesräucherung fügen wir unserer normalen Liebesräucherung – die wichtigsten Grundzutaten sind am Anfang des Kapitels beschrieben – noch edle Harze wie Weihrauch, Myrrhe, Sandarac, Mastix oder auch Kampferkristalle bei. Durch diese neue Räuchermischung wird unsere Achtsamkeit auf die Ebene der geistigen Liebe gehoben.

Die Zeremonie

Sie setzen sich wieder zu Ihrem Altar, verneigen sich, entzünden eine Kerze und die Kohle und streuen etwas von Ihrer neuen Räuchermischung darauf. Dann vergegenwärtigen sie sich all die Personen und Umstände, die Sie daran hindern, sich selbst, die Welt und das Leben zu lieben.

Am Anfang mag bei diesem Räucherritual ein riesiger Berg an alten Problemen und »Beziehungskisten« in uns auftauchen, und so kann es sinnvoll sein, sich zuerst nur die dicksten Stolpersteine ins Bewußtsein zu rufen.

Das wichtigste in unserem Leben ist jedoch, daß wir uns selbst lieben und (im Geiste) umarmen können. Daran sollten wir uns immer erinnern, wenn es uns nicht gut geht.

Wenn Ihre Gefühle zu stark werden, schlagen Sie einige Male einen Gong oder eine Schelle und singen mehrere Male einen Ton (OM, SUU oder AUM), bevor Sie das Räucherritual beenden.

All die aufgewühlten Emotionen sind nun wieder beruhigt. Zünden Sie ein Räucherstäbchen an, um die Atmosphäre zu harmonisieren. Mit der Zeit werden Sie lernen, den Schmerzen und Konflikten in Ihrem Innern ins Auge zu blicken. Nebenbei bemerkt: Es gibt nur Konflikte in uns und nirgendwo anders!

Dabei passiert etwas Phänomenales: Wann immer wir ein Problem klar und still betrachten, löst sich der ganze Druck, der mit ihm einhergeht, wie der Rauch aus unserem Räuchertopf in Nichts auf, und irgendwann können wir über uns und alle Schwierigkeiten verständnisvoll lächeln. Und dieses liebevolle Lächeln können wir dann allen Menschen und Dingen in unseren späteren Liebesräucherungen senden. Alle Menschen, die uns dann in den Sinn kommen, lächeln wir im Geiste freundlich und liebevoll an, egal, ob sie uns wohlgesonnen sind oder nicht. Sie werden erstaunt sein, welch starke positive Wirkung diese Übung auf Ihre Beziehung und Ihre Umwelt ausübt, ohne daß Sie dabei körperlich aktiv werden.

Das spirituelle Liebesräucherritual scheint vielleicht schwierig zu sein, doch wenn wir uns einmal dazu durchgerungen haben, unser Leben selbst in die Hand zu nehmen, werden wir damit immer die Kraft finden, alle Hürden zu nehmen, die sich uns in den Weg stellen.

Schutzräucherungen

Es gibt immer wieder Phasen und Situationen in unserem Leben, wo wir bedrohliche Einflüsse auf uns zukommen sehen. Um diesen negativen Kräften wirksam zu begegnen,

Schutzräucherung

2 Tl Sandelholz	1 Tl Zimt
1 Tl Thymian	1 Tl Wacholder
1 Tl Weihrauch	1 Tl Myrrhe
1/2 Tl Angelikawurzel	1/2 Tl Patchouli

Wer es sich leisten möchte, kann auch 1/2 Tl Bernstein dazugeben. Prisenweise verwenden. Nicht vorhandene Stoffe können ersetzt oder weggelassen werden.

ist ein Räucherritual sehr zu empfehlen. Dabei können wir sehr viel über uns und die Kraft von Gedanken lernen.

Oft sind es nur einige kleine Ereignisse, die sich, wenn sie nicht beachtet werden, zu großen dunklen Mauern auftürmen. Durch eine regelmäßig (ca. einmal pro Woche) durchgeführte Schutzräucherung werden wir uns der Schwachstelle, die wir im Moment haben, bewußt und können besser auf die Eingriffe von außen auf unser Leben reagieren. Nebenbei verhindert das Räuchern, daß sich die negativen Gefühle und Gedanken von anderen Menschen in unserem Wohnbereich und in uns selbst einnisten.

Das Räucherwerk

Räucherstoffe für Schutzräucherungen sind:

- Harze: Weihrauch, Myrrhe, Kampher (Kristalle), Drachenblut, Mastix, Sandarac, Traganth, Copal, Dammar, Opoponax, Styrax
- Hölzer: Sandelholz, Aloe, Zeder, Thuja, Zimt
- Kräuter und Blüten: Angelikawurzel, Wacholder, Majoran, Rosmarin, Patchouli, Pfefferminze, Melisse, Myrte, Nelke, Basilikum, Muskatnuß, Thymian, Wermut, Ysop

Die Zeremonie

Auch bei diesem Räucherritual sollten Sie eine Kerze anzünden. Dann streuen Sie Ihre »Schutzmischung« auf die glühende Kohle und werden sich bewußt, welche Menschen im Moment nichts Gutes mit Ihnen im Sinn haben oder welche gefährlichen oder unangenehmen Konfrontationen gerade auf Sie warten. Sie betrachten in Stille dabei alle Umstände und Möglichkeiten, die Ihnen dabei widerfahren könnten, bis Sie eine Lösung gefunden oder zumindest die Angst abgelegt haben. Schon die bewußte Konfrontation mit den unangenehmen negativen Ereignissen oder Situationen wird diesen viel von ihrer Bedrohlichkeit nehmen. Das Räucherwerk wird Ihnen Kraft und Zuversicht schenken, daß Sie mit solchen Situationen auch fertig werden können.

Eine Schutzräucherung kann man auch machen, indem Sie mit Ihrer Räucherschale durch den Garten oder das Haus gehen und dabei bewußt alle schlechten Einwirkungen von Ihrem Wohnbereich abhalten.

Es gibt auch heute noch Menschen, die versuchen, durch magische Tricks anderen Personen zu schaden. Durch regelmäßiges Räuchern können wir diese schwarzmagischen Kräfte neutralisieren.

Ähnlich verhält es sich mit den Gefühlen, die haß- oder neiderfüllte Menschen auf uns richten. Daß sie das tun, können wir nur schwer verhindern, aber daß diese Gefühle uns selbst stören oder beunruhigen, können wir durch ein passendes Räucherwerk abwenden.

Am Ende Ihres Schutzräucherrituals geben Sie nochmals eine große Menge Schutzräucherwerk auf die Kohle und stellen den Räuchertopf (oder die Schale) ins Freie, auf den Balkon oder auf die Terrasse, damit seine Energie noch einige Zeit in der Umgebung weiterarbeitet.

Durch diese Räucherübung können wir lernen, besser mit all unseren Ängsten und Sorgen umzugehen, und außerdem werden wir während des Räucherns viele neue Ideen haben, wie wir damit in der Praxis besser fertig werden.

Räuchern als Therapie

In alten Zeiten war man sich in allen Ländern einig, daß Krankheiten durch böse Geister oder Dämonen ausgelöst werden. Als aufgeklärte, moderne, logisch denkende Menschen können wir heute über solche Thesen nur noch lächeln. Und doch hat die psychosomatische Medizin in ihrer Forschung aufgedeckt, wie stark der Einfluß unserer Psyche ist: auf unsere Gesundheit wie auch auf unseren Genesungsprozeß im Krankheitsfall. Ein eigener Wissenschaftszweig hat sich daraus entwickelt, die Psychoneuroimmunbiologie, die sich mit den Zusammenhängen von seelischen Einflüssen auf unser Immunsystem beschäftigt.

Genau auf dieser Ebene wirkt das Räuchern, und so wird es auch mit den damit verbundenen Ritualen in den nächsten Jahren eine Renaissance erleben. Schon heute sind einige Neurologen der Ansicht, daß das Räuchern eine viel stärkere Wirkung auf unsere Psyche hat als die allseits boomende Aromatherapie. Für mich ist diese Erkenntnis ganz logisch, da die Aromatherapie direkt über unsere Sinne auf die Psyche wirkt, während das Räucherwerk auch einen starken energetischen und einen symbolischen Faktor in uns mit beeinflußt.

Um gesund zu werden oder gesund zu bleiben, muß ich dies auch wirklich wollen. Es genügt nicht, Medikamente zu nehmen oder bestimmte Düfte einzuatmen und einfach abzuwarten. Beim Räuchern werde ich selbst gefordert, mein Handeln, mein Denken und mein Fühlen zu hinterfragen. Und genau das ist enorm wichtig in unserer Zeit, wo uns unser Umfeld und die Medien unsere Meinung und unser Weltbild täglich schon fix und fertig servieren.

Ein Besinnen auf die auslösenden Momente für unsere Krankheit kann uns sehr viel Aufschluß darüber geben, wieso wir gerade dieses oder jenes Leiden haben. Unsere Einstellung zum Leben, zum Arbeiten und zu unserem Umfeld

Räucherung
für unsichere, sensible Menschen

1 TL BENZOE	1 TL TOLU
1 TL SANDELHOLZPULVER	1 TL ZEDER
1/2 TL LABDANUM	1/2 TL MYRRHE

Prisenweise verwenden. Nicht vorhandene Stoffe können ersetzt oder weggelassen werden.

neu zu überdenken, ist ein ganz wichtiger Schritt dabei. Wenn wir diesen Schritt rechtzeitig tun, bleiben uns vielleicht einige Unfälle und Krankheiten erspart, die uns das Leben andernfalls präsentiert, um uns aufzurütteln. Sehr viele Menschen ändern nach einem schweren Unfall oder einer schweren Krankheit ihr Leben völlig. Diese schwierigen Situationen haben sie gezwungen, ihre Handlungsweisen neu zu überdenken.

Unsere Einstellung zu uns und unserer Umwelt beeinflußt unseren Lebensstil. Und wenn wir die Umsätze betrachten, die heute die Psychopharmakaindustrie macht, kann es mit der Zufriedenheit – und damit auch Gesundheit – nicht so weit her sein. Umdenken und alternative Mittel sind gefragt. Räucherrituale sind dabei sicher kein Allheilmittel, aber sie können ein Stück des großen Kuchens der ganzheitlichen Therapieformen sein, die in gemeinsamer Anwendung sehr viel Gutes bewirken können.

Gerade bei seelischen Problemen haben wir schon gesehen, wie viele Möglichkeiten es gibt, mit einer Räucherung mehr Licht und positive Kraft in unser Leben zu bringen. Aber auch bei körperlichen Beschwerden ist Räuchern als unterstützender Faktor sehr hilfreich, zumal körperlich Kranke meistens auch psychisch eher deprimiert oder unausgeglichen sind.

Beim Räuchern während einer Krankheit ist es natürlich besonders wichtig, dabei gut zu lüften und nicht zu intensiv

Erdungsräucherung
(für übersensible, leicht reizbare oder ängstliche Menschen)

Angelikawurzel	Zedernholz
Pinienholz	Sandelholz
Patchouli	Thymian
Narde, wenn erhältlich	

Zu gleichen Teilen mischen: je 1 Gramm oder 1 Teelöffel. Prisenweise verwenden. Nicht vorhandene Stoffe können ersetzt oder weggelassen werden.

mit unseren Räucherstoffen zu arbeiten. Doch regelmäßig 15 bis 30 Minuten eine Besinnungsräucherung durchzuführen, kann uns eine große Hilfe auf dem Weg zur Genesung sein.

Das Räucherwerk

Gute Räucherstoffe zum Desinfizieren und geistigen Reinigen sind:

- Harze: Weihrauch, Myrrhe, Opoponax, Sandarac, Mastix, Kampher (Kristalle)
- Hölzer: Kiefer, Fichte, Zeder, Thuja, Zimt
- Kräuter und Blüten: Rosmarin, Salbei, Wacholder, Lavendel, Nelke, Thymian, Majoran, Pfefferminze, Ysop, Melisse, Pfeffer, Eukalyptus, Myrte, Angelikawurzel, Sage.

Seelisch aufbauende und positivierende Räucherstoffe sind:

- Harze: Tolu, Benzoe, Perubalsam, Copaivabalsam, Drachenblut
- Hölzer: Aloeholz, Sandelholz, Rosenholz, Zypresse
- Kräuter und Blüten: Rose, Jasmin, Kamille, Patchouli, Muskatnuß.

Wir können bei unserer Mischung auch beide Themen, seelisch wie körperlich, berücksichtigen.

Die Zeremonie

Ihre »Genesungsmischung« streuen Sie auf eine glühende Kohle und fragen sich zuerst: »Bin ich gerne krank?« »Will ich krank sein?« – Vielleicht ist es Ihnen auch einmal sehr angenehm, von Ihren Mitmenschen umsorgt und bemitleidet zu werden oder einfach nur einige Zeit im Bett zu liegen und nichts zu tun.

Wenn Sie gerne krank sind, wird Ihnen die Räucherung nicht viel helfen, und Sie können gleich wieder aufhören und Ihre Krankheit von Herzenslust genießen.

Sind Sie aber nicht gerne krank, dann geben Sie nach einiger Zeit nochmals etwas Räuchermischung auf die Kohle. Sie fragen sich ein weiteres Mal: »Will ich wirklich gesund werden?« Diese Frage stellen Sie sich so lange, bis Sie in Ihrem tiefsten Inneren ein lautes und klares Ja hören und der Wunsch, gesund zu sein, deutlich vor Ihnen steht.

Zur Bekräftigung dieses Wunsches schlagen Sie einen Gong oder eine Schelle, um dann zur Genesungsübung weiterzugehen.

Dazu ziehen Sie zuerst den Rauch Ihrer Genesungsräucherung mit den Händen über den ganzen Körper und stellen sich vor, daß der heilende Rauch alle krankmachenden Energien von Ihnen mitnimmt und im Nichts auflöst. Diesen Vorgang wiederholen Sie mehrere Male.

Als nächstes entzünden Sie ein feines Räucherstäbchen und stecken es in den Räuchertopf. Die Räucherkohle stellen Sie mit dem Räuchergefäß ins Freie, also auf den Balkon, das Fensterbrett oder auf die Terrasse. Dann setzen Sie sich aufrecht hin oder legen sich mit ausgestreckten Beinen und seitlich locker liegenden Armen auf den Rücken. Sie atmen ruhig und entspannt.

Ähnlich wie bei der Chakrenmeditation stellen Sie sich jetzt vor, daß die Luft, die Sie einatmen, geladen ist mit einer golden leuchtenden Energie. Diese Energie führen Sie zuerst in Ihren Kopf und fühlen, wie das Gehirn dadurch gereinigt und gestärkt wird. Als nächstes führen Sie die goldene Energie mit Ihrem Atem in die Lungen, dann in die Leber, die Milz und die Blase. Beim Ausatmen lassen Sie alle negativen und krankmachenden Energien aus Ihrem Körper strömen. Nach dieser Grundübung lassen Sie das goldene Licht beim Einatmen für einige Male zu den erkrankten Körperstellen oder Organen fließen und fühlen dabei, wie das Licht eine heilende, harmonisierende Wirkung auf Sie ausübt.

Am Ende der Übung atmen Sie einige Male ganz ruhig und tief ein und aus. Sie verbeugen sich, schlagen den Gong und lassen das Ganze noch einige Zeit nachwirken, bevor Sie sich wieder ins normale Leben zurückbegeben.

In Asien wird diese Technik »das innere Lächeln« genannt, da wir mit dem goldenen Licht all unseren Körperteilen und Organen auch ein freundliches Lächeln schenken können.

Diese Übung kann und sollte natürlich auch von gesunden Menschen immer wieder durchgeführt werden. Sie vermittelt uns ein sehr intensives und positives Körpergefühl und stärkt unser Immunsystem und unsere Lebenskräfte hervorragend.

Das Verneigen nach diesem Räucherritual ist ganz besonders wertvoll, denn es ist ein Symbol dafür, daß wir uns dem Leben und unserem Sein »beugen«, auch wenn es im Moment schwer und schmerzlich erscheint. In Asien gibt es noch eine besondere Art, zur Krankheitsvorbeugung und im Krankheitsfalle zu räuchern: Moxabustion. Hierzu verwendet man ca. 20 Zentimeter lange »Zigarren« aus besonders getrocknetem und gekämmtem Beifuß, die man nach dem Entzünden an bestimmte Akupunkturpunkte hält oder über die Meridiane zieht. Die Wärme zusammen mit dem Rauch des Heilkrautes entfaltet dann eine positive Wirkung auf die schwachen Stellen in unserem Energiekreislauf. Moxa sollte aber nur von erfahrenen Therapeuten angewendet werden, da man dazu einiges über Akupunktur oder -pressur wissen sollte und auch über die Intensität der Hitze, die von den Moxastäben ausgeht. Da das Beifußmoxa beim Verräuchern sehr stark riecht, wurden später auch Moxastäbe aus Holzkohle entwickelt, die fast nicht rauchen. Sie wirken in erster Linie über die Wärmeentwicklung und nicht mehr zusammen mit der besonderen Kraft des Beifußrauches.

In alten Zeiten wurden Räucherwerke auch zur Behandlung von Hautproblemen, Geschwüren oder Lungenerkrankungen verwendet. Dazu hielt man die betroffenen Körperstellen über den Rauch oder man inhalierte ihn.

In Tibet werden noch heute psychische Erkrankungen durch Inhalieren besonderer Räuchermischungen behandelt. Südamerikanische und afrikanische Schamanen (Heiler) saugen den Rauch spezieller Räucherwerke in ihre Mundhöhle und blasen sie einem bestimmten Rhythmus auf die erkrankten Stellen ihrer Patienten.

Räuchern kann also auch im körperlichen Bereich interessante Wirkungen haben. Die Tradition des heilenden Räucherns ist schon viele Jahrtausende alt.

In vielen Fällen wurden zusätzlich dieselben Heilkräuter, Hölzer und Harze als Tinktur, Salbe oder Tee verarbeitet und als Medizin genutzt. Auch heute noch können wir viele der hier aufgeführten Räucherstoffe in Apotheken kaufen.

Räuchern im Garten und im Freien

Es gibt eigentlich keinen besseren Platz zum Räuchern als unseren Garten. Natürlich ist es auch sehr stimmungsvoll, wenn wir auf einer freien Wiese oder an einem Fluß am Abend räuchern. Aber gerade unser eigener Garten wird durch regelmäßiges Räuchern eine ganz besondere Ausstrahlung bekommen, die positiv auf uns zurückwirkt. Ich habe

Segnungsmischung
(für Menschen, Räume, Gegenstände oder Gärten)

3 TL Sandelholzpulver	1 TL Weihrauch
1 TL Benzoe	1/2 TL Myrrhe
1/2 TL Labdanum	1/2 TL Styrax

Prisenweise verwenden. Nicht vorhandene Stoffe können ersetzt oder weggelassen werden.

mir in meinem Garten ein eigenes »Räucherhäuschen« aufgestellt, damit ich dort auch bei Regen oder Schnee räuchern kann. Der Vorteil am Räuchern im Freien ist, daß hier der duftende Rauch ungehindert abziehen kann und daß der Wind ein mystisches Schauspiel mit den Rauchschwaden vor unseren Augen aufführt. Mal ziehen sie in die eine Richtung, wirbeln hoch empor, um gleich wieder in die entgegengesetzte Richtung umzukehren. Oft zieht ein bestimmter Räucherduft minutenlang von uns weg, während der nächste uns umfängt und einhüllt, bis wir den Rauch wegfächeln, weil er uns zu intensiv wird.

Für mich sind das keine Zufälle, wohin die einzelnen Räucherschwaden wehen. Einmal braucht die Natur oder ein bestimmter Platz mehr von dieser »geistigen Nahrung«, und ein anderes Mal sind es wir selbst, die eine Harmonisierung, Reinigung oder Vergeistigung nötig haben.

Beim Räuchern im Garten fühle ich mich eins mit der Natur. Wir gehen meistens mit sehr unscharfen Brillen durch unseren Garten. Hier ist die Tanne, der Rosenbusch und dort die Thuje. Ja, die Tulpen blühen sehr schön, aber: Wann haben wir wirklich versucht, das Wesen dieser lebendigen Schöpfungen zu erforschen? Nicht mit den verstaubten Werkzeugen der Wissenschaft, wo wir jede Pflanze in eine botanische Schublade stecken. Nein, einfach nur still betrachtend, mit unserem Herzen auf ihre Aussagen lauschen, während der Rauch aus unserem Räuchertopf sanft zu ihnen hinüberweht.

In Japan wird diese stille Kultur der Gartenpflege auch heute noch sehr geschätzt. Selbst in Großstädten und auf engstem Raum finden wir energetische Oasen mit bewußt gepflanzten kleinen Bäumchen, Sträuchern oder Blumen. Oft trifft man sich zu einer Tasse Tee und zündet ein Räucherstäbchen auf der kleinen Veranda an. Während man den Rauchschwaden zusieht, wie sie durch den winzigen Garten tanzen, vergißt man den Alltagsstreß mit allen Sorgen, und die Welt wird weit und offen durch die Stille unseres Geistes.

Klingt das märchenhaft oder undurchführbar?

Es liegt an uns, diese Atmosphäre der Harmonie zu schaffen.

Ich hatte einmal vor einigen Jahren im größten und belebtesten Einkaufsviertel von Kyoto dieses oben beschriebene Erlebnis. Im winzigen Hinterhof einer Einkaufspassage eröffnete sich mir ein kleines Paradies. Heute weiß ich, daß der Himmel kein Ort ist, sondern ein Zustand unseres Herzens und unseres Geistes. Und genau hierfür ist das Räucherwerk ein hervorragendes Hilfsmittel, weil es eigentlich für nichts anderes da ist, als unseren Geist und unser Herz zu reinigen und zu transzendieren.

Selbstverständlich können wir im Garten auch bei allen Arten von Übungen und Künsten durch Abbrennen von Räucherstäbchen oder Räucherwerken eine geistvolle und inspirierende Atmosphäre schaffen. Dazu sind lange chinesische Sandelholzräucherstäbchen gut geeignet, da sie stabiler sind als die zarten japanischen und deshalb dem Wind besser standhalten. An besonderen Tagen kann man auch große Räucherspiralen verwenden, die für 24 Stunden brennen.

Das schönste Erlebnis ist es immer, wenn ich in der Abenddämmerung ein Räucherwerk entfache und dann beobachte, wie sich die Rauchschwaden mit dem aufsteigenden Dunst von der Wiese verbinden. Dadurch entsteht eine einzigartige, geheimnisvolle »Zauberwelt«, in der alles möglich wird.

Vielleicht erscheinen Ihnen diese Ausführungen zu romantisch oder nicht nachvollziehbar. Probieren Sie es doch einfach mal aus, wenn Sie dazu Muße haben, und beobachten Sie, was dabei mit Ihnen und Ihrer Umgebung geschieht.

Hier noch einmal die Gelegenheiten, zu denen wir in unserem Garten – oder auch im Freien – sehr gut räuchern können:

- Als Opferritual (z. B. zur Sonnenwende oder für die Naturkräfte Sonne, Wind, Wasser, Erde).
- Bei Übungen (z. B. Tai Chi, Qi Gong, Wu-Shu, Bushido, Yoga, Tänzen).
- Bei Meditationen (z. B. Chakrenmeditation).
- Als energetisches Band zu unseren Pflanzen.
- Zur Reinigung und Klärung der Umgebung.
- Zum Schutz gegen negative Einflüsse von außen.
- Oder einfach nur, um die Kultur der Stille im Freien zu genießen.

Räuchern zur Inspiration und als ästhetischer Genuß

Wir haben alle von Zeit zu Zeit einen »kreativen Durchhänger«. Unsere Ideen sind ins Stocken geraten, und wir fühlen uns ausgebrannt und energielos. In solchen Phasen suche ich mir gerne ein edel duftendes Räucherstäbchen aus meiner Sammlung, zünde es an und stelle es in einen meiner Räuchertöpfe. Dann koche ich mir einen guten chinesischen Tee, richte mir meine schönste japanische Teetasse her und mache für 15 Minuten eine kreative Pause. Ich genieße den feinen Duft des Räucherstäbchens, trinke etwas Tee und lasse die Atmosphäre des »bewußten Müßiggangs« auf mich wirken.

Sicherlich sind auch Sie schon mal in einer Leerphase schnell in die Kantine gelaufen, haben sich Kaffee geholt und vielleicht ein Zigarrettenritual dazu durchgeführt. Aber konnten Sie dabei richtig abschalten?

Es ist immer die Frage, ob wir vom Ritual getrieben werden oder ob wir es selbst bewußt und achtsam betreiben. Da ein Räucherwerk keine starke Nervenwirkung wie Nikotin oder Coffein auf uns ausübt, wirkt es stärker über seine Symbolkraft und über die weite, offene und stille Atmosphäre, die es schafft. Und gerade auf dem Boden des Nichts gedeihen die besten Ideen und Einfälle. Es kann vorkommen, daß es nicht erwünscht ist, im Büro selbst ein kleines Räucherstäbchen abzubrennen. Dann sollen wir unsere kreativen Entspannungsphasen zu Hause durchführen. Es ist ganz egal, wann und wo wir unseren angespannten Geist harmonisieren und neue Ideen schöpfen. Wichtig ist nur – wie im Geschäftsleben auch – das Ergebnis, und das wird sich durch regelmäßiges Räuchern zur Inspiration ganz gewiß bald einstellen.

Der ästhetische Genuß beim Räuchern

Ähnlich wie mit unserer Kreativität verhält es sich auch mit der Ästhetik: In der Stille liegt die Kraft.

Ästhetik, oder das bewußte Genießen von Schönheit, steht in engem Zusammenhang mit unserem inneren Befinden. Sind wir rastlos, deprimiert oder ärgerlich, verliert das schönste Kunstwerk seine kraftvolle Ausstrahlung für uns. Es kann nicht wirken, weil unser Bewußtsein von der Unruhe in uns abgelenkt ist.

Sind wir jedoch still und zufrieden in unserem Herzen, ist alles schön, was wir betrachten, egal, ob es eine Blume, ein alter Stuhl oder ein teures Gemälde ist. Und für mich ist jedes Räucherritual an sich ästhetisch.

Wenn wir uns vor unseren Räucheraltar stellen, uns verneigen, eine Kerze und dann unser Räucherwerk entzünden und zusätzlich vielleicht noch einen Gong schlagen, ist jede dieser Handlungen zwar nicht sonderlich zweckmäßig, doch in ihrer Gesamtheit machen sie Sinn für uns. Genauso handelt ein Künstler, wenn er sein Werk vollbringt. Etwas am Anfang nicht Greifbares erregt seine Aufmerksamkeit, und er erweckt es mit seinen Mitteln zum Leben. Dasselbe tun wir beim Räuchern.

Durch unsere Räucherrituale erschaffen wir nach und nach ein Kunstwerk: die strahlende Kraft unseres eigenen Geistes. Die wir dann mühelos und ohne viel zu tun ausstrahlen. Auch unser Umfeld wird von dieser Kraft erfaßt, und andere Menschen werden fragen, warum bei uns eine so angenehme (sprich: stille und geistvolle) Atmosphäre herrscht.

Räuchern ist somit auf verschiedenen Ebenen ästhetisch. Die Räucherspiralen und das Räucherritual einerseits und die dadurch erschaffene Geisteskultur in uns und um uns andererseits.

In Japan gibt es dazu eine eigene Schule. Man nennt sie den Koh-do (= Räucher-Weg), so wie es auch den Cha-do (Tee-Weg) oder Bushi-do (Weg der Kampfkünste) etc. gibt. Beim Koh-do verräuchert man winzige duftende Holzspäne auf Kohle und genießt gemeinsam die tiefe Wirkung, die der Rauch dabei auf die Anwesenden entfaltet.

Dazu bedient man sich spielerischer Wettübungen, bei denen man verschiedene Hölzer an ihrem Räucherduft erkennen muß. Das Ziel dabei ist immer die Stärkung und Vertiefung unserer Achtsamkeit und unseres Geistes.

Räuchern als Gruppenritual

Egal, welches Räucherritual wir gemeinsam mit anderen Menschen durchführen, es wird uns immer alle für einige Zeit auf eine höhere geistige und verständnisvollere Ebene emporheben und einen gewissen Gleichklang untereinander erzeugen. Deshalb praktizierten unsere Vorfahren, wenn sie sich zu wichtigen Besprechungen trafen, immer ein gemeinsames Räucherritual, bevor sie mit der Sitzung begannen.

Wir finden hierzu Beispiele sowohl im Alten Testament (Moses, Kapitel 30) als auch bei den Indianern, den Buddhisten etc.

Die Zeremonie

Im Prinzip können wir jede Art von Räucherwerken oder Räucherstäbchen verwenden. Wir setzen uns im Kreis zusammen, öffnen das Fenster, entzünden das Räucherwerk (oder Stäbchen), verneigen uns gemeinsam als Geste der Achtung voreinander und schlagen einen Gong oder eine Schelle.

Einer im Kreis nimmt die Räucherschale oder den Räuchertopf in die Hand und fächelt sich den Rauch zur Reinigung über den Kopf und den Körper. Danach verneigt er sich und reicht das Räucherwerk an seine Nachbarn weiter, während die anderen stillsitzen, ruhig atmen und sich entspannen.

Dieser Vorgang wird fortgesetzt, bis jeder das Räucherwerk an sich arbeiten ließ. Bei größeren Gruppen kann man auch mehrere Räucherwerke herumreichen. Am besten wirkt dieses Ritual, wenn wir die Räucherschalen im Uhrzeigersinn weiterreichen.

Wenn alle das Räucherritual an sich vollzogen haben, bleiben wir noch kurze Zeit gemeinsam still sitzen. Dann schlagen wir einen Gong, verneigen uns wieder gemeinsam voreinander und beginnen mit der Besprechung.

Diese Art von Gruppenritual hilft uns, einen Teil des Ballastes, den jeder mit sich herumschleppt, abzuwerfen und damit auch andere Meinungen und Ideen zuzulassen. Wenn diese Übung bei politischen oder geschäftlichen Sitzungen häufiger ernsthaft angewendet würde, käme dies den Ergebnissen zugute, da sich die Menschen besser zuhören würden.

Aber schon im Kreise der Familie kann ein solches Räuchern viel Positives bewirken. Einmal im Monat einen Familienrat abzuhalten wäre sowieso sicherlich nicht verkehrt. Zusammen mit einer passenden Räucherung kann das Ganze zu einem sehr wertvollen Element in der Familienkultur werden.

Wem diese Art von Räucherung zu schwierig erscheint, der kann auch nur ein kleines Räucherstäbchen in einer Ecke des Raumes, wo die Besprechung stattfindet, anzünden. Das Räucherwerk wird auch von dort aus – wenngleich nicht ganz so wirksam – eine positive Wirkung auf alle Beteiligten entfalten. In buddhistischen oder indianischen Gruppen setzt man sich meistens zusammen, entzündet ein Räucherwerk und rezitiert gemeinsam Sutren, Mantren oder Anrufungsgesänge.

Diese Art von Gesangsritual hat einen phänomenalen Effekt auf alle Beteiligten. Man spürt mit der Zeit, wie sich die eigenen Töne mit denen der anderen Teilnehmer verbinden, und plötzlich ist es ein Ton, ein Gesang, ein Sein. Am Ende eines solchen Räucherrituals herrscht eine wunderbare tiefe, von allen getragene Stille, die dann jeder mitnimmt in sein normales, geschäftiges Leben.

Ich weiß, daß sich auch dieses Thema für viele anfangs etwas abwegig anhört. Aber sind wir denn nicht alle heute wissenschaftlich (ein)gebildet? Ist es denn nicht so, daß man etwas selbst geprüft haben sollte, bevor man es verwirft?

Na also, dann los und auf zur spannenden Räucherforschungsreise!

Räuchern und die Sterne

In jeder alten Kultur hat man vor wichtigen Entscheidungen die Sterne um Rat gefragt. Vor Hochzeiten, bei kriegerischen Auseinandersetzungen oder bei größeren geschäftlichen Abschlüssen wurde immer ein Astrologe hinzugezogen.

Die zwölf Sternzeichen werden in vier Elementegruppen eingeteilt: Feuer, Wasser, Luft und Erde. Diesen Elementen wiederum entsprechen bestimmte Charaktertypen.

Wenn wir nun von den Räucherstoffen ausgehen, so können wir die einzelnen Stoffe jeweils einem bestimmten Element – und damit einem Charakter – und darüber hinaus einem bestimmten Sternzeichen sowie einem Planeten zuordnen.

Ausgehend vom Sternzeichen und der Wirkung der Elemente, kann zunächst jeder für sich seine Räuchermischung herausfinden. Den Einfluß der Planeten zu berücksichtigen, wird dann jedoch schon etwas komplizierter. Um eine solche individuelle Mischung herzustellen, sollte man auch in Astrologie bewandert sein – und sogar die Astrologen sind sich über manche Einflüsse und Bedeutungen nicht einig.

Ich beschränke mich hier darauf, die Zuordnungen der Räucherwerke zu Sternzeichen, Elementen, Charaktertypen und Planeten darzustellen. Dazu erhalten Sie einige Hinweise, wie Sie die Energien der Elemente in Ihren Räucherungen nutzen können.

Die Zeremonie

Überlegen Sie, was Sie mit der Räucherung erreichen wollen. Für eine allgemeine Charakterräucherung, die dem Zurückbesinnen auf sich selbst dienen soll, wählen Sie eine Mischung, die Ihrem Sternzeichen und Wesen entspricht. Wollen Sie Charaktereigenschaften, mit denen Sie unzufrieden sind, ausgleichen (z. B. Starrsinn, Flatterhaftigkeit), so nehmen Sie eine Mischung, die dem gegensätzlichen Element zugeordnet wird. Wollen Sie jedoch bestimme Energien verstärken, wählen Sie ein unterstützendes Element.

Streuen Sie Ihre Mischung auf die glühende Kohle, und denken Sie über das Problem nach. Oder fragen Sie sich ganz allgemein, wo Sie stehen, was Sie an sich gut oder weniger gut finden. Sie werden vielleicht einige Dinge über sich selbst erfahren, oder Sie werden Ausgeglichenheit und Stärke spüren. Es braucht oft viel Erfahrung und Übung, bis man seine persönliche Charaktermischung herausgefunden hat. Doch lassen Sie sich nicht entmutigen. Das Zurruhekommen und Besinnen auf sich selbst beim Räuchern hat immer eine positive Wirkung.

Die vier Elemente bestehen aus zwei Gegensatzpaaren:
- Feuer und Wasser
- Luft und Erde

Dabei sind
- Aktivierende Elemente: Luft und Feuer
- Passive Elemente: Wasser und Erde

Mit diesen Gegensätzen arbeiten wir in unserer Räuchermischung. Wir verwenden gegensätzliche oder unterstützende Elemente, je nachdem, ob wir etwas ausgleichen bzw. abschwächen oder verstärken wollen.

	Unterstützendes Element	*Ausgleichendes Element*
Feuer (aktiv)	Luft	Wasser
Erde (passiv)	Wasser	Luft
Wasser (passiv)	Erde	Feuer
Luft (aktiv)	Feuer	Erde

Die vier Elemente im Überblick

Luft
Jahreszeit: Frühjahr
Charakter: Sanguiniker, heiter, umgänglich, flexibel, etwas unkonkret
Luftzeichen sind: Zwillinge, Waage, Wassermann
Lebensphase: bis 17 Jahre, Kindheit, Pubertät

Feuer
Jahreszeit: Sommer
Charakter: Choleriker, leidenschaftlich, aktiv, dynamisch, kraftvoll
Feuerzeichen sind: Widder, Löwe, Schütze
Lebensphase: ca. 17 bis 34 Jahre, Jugend, junges Erwachsensein

Erde
Jahreszeit: Herbst
Charakter: Melancholiker, korrekt, genau, strukturierend, beurteilend
Erdzeichen sind: Stier, Jungfrau, Steinbock
Lebensphase: 34 bis 50 Jahre, Erwachsensein

Wasser
Jahreszeit: Winter
Charakter: Phlegmatiker, empfindsam, gefühlsbetont, etwas verträumt, heilend
Wasserzeichen sind: Fische, Krebs, Skorpion
Lebensphase: ab 50 Jahre, Älterwerden und Alter

Widder (21. März – 20. April)
Element: Feuer
Charakter: impulsiv, willensstark, direkt, aktiv
Verstärkende Räuchermittel: Aloeholz, Ambra, Angelikawurzel, Drachenblut, Kiefer, Zypresse, Kampher, Majoran, Thymian, Myrrhe, Basilikum
Ausgleichende Räuchermittel: Weihrauch, Melisse, Kalmus, Styrax, Tolu, Perubalsam, Copaivabalsam

Stier (21. April – 20. Mai)
Element: Erdzeichen
Charakter: materialistisch, genießerisch, praktisch, besitzergreifend
Verstärkende Räuchermittel: Benzoe, Tolu, Safran, Sandelholz, Styrax, Patchouli, Opoponax, Narde, Myrrhe
Ausgleichende Räuchermittel: Elemi, Kampher, Iriswurzel, Mastix, Jasmin, Rose, Aloeholz, Myrte, Weihrauch, Verbena

Zwilling (21. Mai – 21. Juni)
Element: Luft
Charakter: flexibel, optimistisch, wißbegierig, etwas ruhelos
Verstärkende Räuchermittel: Elemi, Mastix, Lavendel, Kampher, Anis, Lorbeer, Verbena, Pfefferminze, Dammar, Copal
Ausgleichende Räuchermittel: Aloeholz, Sandelholz, Galbanum, Muskatnuß, Copaivabalsam, Kalmus, Patchouli

Krebs (22. Juni – 22. Juli)
Element: Wasser
Charakter: häuslich, mütterlich, gefühlsbestimmt, etwas ehrgeizig
Verstärkende Räuchermittel: Aloeholz, Cassia, Zimt, Rose, Jasmin, Tolu, Benzoe, Perubalsam, Kamille, Melisse, Tonka, Myrte, Styrax, Iriswurzel
Ausgleichende Räuchermittel: Lorbeer, Ysop, Kampher, Wermut, Lavendel, Zeder, Sandelholz, Myrrhe

Löwe (23. Juli – 23. August)
Element: Feuer
Charakter: großzügig, königlich, selbstsicher, etwas selbstherrlich
Verstärkende Räuchermittel: Ambra, Kampher, Muskatnuß, Nelke, Zimt, Cassia, Sandelholz, Angelikawurzel, Copal, Sternanis, Lorbeer, Thymian, Safran, Zeder, Weihrauch
Ausgleichende Räuchermittel: Aloeholz, Pfefferminze, Iriswurzel, Rose, Jasmin, Copaivabalsam, Tolu, Benzoe, Styrax, Kalmus, Lavendel, Perubalsam

Jungfrau (24. August – 23. September)
Element: Erde
Charakter: ordnungsliebend, analytisch, gut beobachtend, eher nüchtern
Verstärkende Räuchermittel: Fichte, Kamille deutsch, Kiefern, Myrrhe, Myrte, Narde, Wacholder, Zeder, Zypresse, Opoponax
Ausgleichende Räuchermittel: Benzoe, Dammar, Zimt, Nelke, Iriswurzel, Rosenholz, Mastix, Weihrauch, Salbei, Lavendel, Tonka

Waage (24. September – 23. Oktober)
Element: Luft
Charakter: ausgleichend, diplomatisch, oft unentschieden
Verstärkende Räuchermittel: Copal, Dammar, Lavendel, Mastix, Thuja, Sternanis, Melisse, Pfefferminze, Verbena, Myrte
Ausgleichende Räuchermittel: Sandelholz, Aloeholz, Benzoe, Tolu, Styrax, Zypresse, Zeder, Opoponax, Myrrhe, Rose, Labdanum, Nelke, Safran

Skorpion (24. Oktober – 22. November)
Element: Wasser
Charakter: opferbereit, leidenschaftlich, etwas mißtrauisch
Verstärkende Räuchermittel: Angelikawurzel, Basilikum, Nelke, Lavendel, Narde, Copaivabalsam, Thuja, Asant, Patchouli, Iriswurzel, Aloeholz, Perubalsam
Ausgleichende Räuchermittel: Galbanum, Labdanum, Zypresse, Tolu, Rosmarin, Kostuswurzel, Drachenblut, Benzoe, Rosenholz

Schütze (23. November – 21. Dezember)
Element: Feuer
Charakter: temperamentvoll, abenteuer- und freiheitsliebend, tolerant, eher rastlos
Verstärkende Räuchermittel: Nelke, Zimt, Drachenblut, Opoponax, Thymian, Wacholder, Weihrauch, Sandelholz, Angelikawurzel, Copal, Kiefern, Fichte, Labdanum, Lorbeer, Narde, Mastix, Kampher, Myrrhe
Ausgleichende Räuchermittel: Kamille, Iriswurzel, Aloeholz, Benzoe, Styrax, Tolu, Rose, Jasmin, Myrte, Dammar, Perubalsam, Copaivabalsam

Steinbock (22. Dezember – 20. Januar)
Element: Erde
Charakter: ausdauernd, strukturierend, korrekt, ordentlich
Verstärkende Räuchermittel: Kiefern, Fichte, Zypresse, Sandarac, Myrte, Beifuß, Wacholder, Myrrhe, Zeder, Opoponax
Ausgleichende Räuchermittel: Copal, Lorbeer, Weihrauch, Tonkabohne, Kalmus, Benzoe, Beifuß, Copaivabalsam, Styrax, Verbena, Wermut, Perubalsam

Wassermann (21. Januar – 19. Februar)
Element: Luft
Charakter: idealistisch, selbstlos, revolutionär, etwas eigensinnig
Verstärkende Räuchermittel: Pfefferminze, Elemi, Eukalyptus, Kiefern, Fichte, Myrte, Dammar, Mastix, Verbena, Thuja, Lavendel, Weihrauch, Kampher, Salbei
Ausgleichende Räuchermittel: Galbanum, Kalmus, Kostuswurzel, Labdanum, Myrrhe, Narde, Tolu, Rosenholz, Sandelholz, Pfeffer, Zeder, Zypresse

Fische (20. Februar – 20. März)
Element: Wasser
Charakter: mitfühlend, mystisch, absichtslos, etwas verträumt
Verstärkende Räuchermittel: Iriswurzel, Rose, Jasmin, Melisse, Thuja, Wermut, Mastix, Benzoe, Tolu, Styrax, Copaivabalsam, Perubalsam, Salbei, Patchouli
Ausgleichende Räuchermittel: Zimt, Cassia, Narde, Galbanum, Opoponax, Nelke, Kampher, Zeder, Sternanis, Muskatnuß, Kiefer

In der folgenden Tabelle finden Sie in alphabetischer Reihenfolge die Räucherstoffe mit den entsprechenden Sternzeichen, Planeten und Elementen, soweit sie zuzuordnen sind. Es sind immer zwei Elemente angegeben: Das erste ist das stärkere Element, und an zweiter Stelle steht das Element mit geringerer Wirkung, die jedoch auch bedacht werde sollte.

Die Räucherstoffe und ihre Zuordnungen

	Sternzeichen	Planet	Element
Aloe	Krebs/Skorpion	Merkur	Feuer/Wasser
Aloeholz	Schütze	Jupiter	Erde/Wasser
Ambra	Löwe	Neptun	Erde/Feuer
Angelikawurzel	Skorpion	Mars/Venus	Wasser/Erde
Asant		Saturn	Feuer/Erde
Basilikum	Skorpion	Mars	Feuer/Erde
Bdellium (wie Myrrhe)	Jungfrau	Merkur	Erde/Luft
Beifuß		Venus	Luft/Feuer
Benzoe	Stier	Venus/Sonne	Wasser/Erde
Cannabis (Hanf)			Feuer/Luft
Cassia	Krebs	Mond	Feuer/Feuer
Copaivabalsam			Erde/Feuer
Copal	Steinbock/ Waage/Skorpion	Sonne	Feuer/Luft
Dammarharz	Zwillinge		Luft/Feuer
Drachenblut	Schütze/ Skorpion	Mars	Feuer/Erde
Elemi			Luft/Feuer
Eukalyptus	Widder/ Wassermann	Mars/Venus	Luft/Feuer
Fichte	Jungfrau	Merkur	Erde/Luft
Galbanum	Skorpion	Mars/Pluto	Erde/Feuer
Gummi arabicum	Löwe	Sonne	Luft/Feuer
Immortelle	Fische	Neptun	Erde/Feuer
Iriswurzel	Fische	Neptun	Wasser/Erde/ Luft
Jasmin	Krebs	Mond	Wasser/Erde

	Sternzeichen	Planet	Element
Kalmus	Krebs	Mond	Wasser/Erde
Kamille römisch	Krebs	Mond	Wasser/Feuer
Kamille deutsch	Jungfrau	Merkur	Wasser/Feuer
Kampher	Widder/Löwe	Mars/Pluto	Feuer/Luft
Kiefern: Latschenkiefer	Jungfrau	Merkur	Erde/Luft
Kiefern: Zirbelkiefer	Steinbock	Saturn	Erde/Feuer
Kostuswurzel			Erde/Feuer
Labdanum	Skorpion	Mars	Erde/Feuer
Lavendel hybride	Jungfrau	Merkur	Luft/Luft
Lavendel officinalis	Waage	Merkur	Luft/Wasser
Lorbeer	Krebs/Zwillinge Jungfrau/Steinbock	Sonne	Luft/Feuer
Majoran	Jungfrau	Merkur	Feuer/Luft
Mastix	Zwillinge/ Löwe/Waage/ Wassermann	Sonne	Luft/Feuer
Mekkabalsam	Steinbock	Saturn	Erde/Feuer
Melisse	Krebs/Fische	Mond/Jupiter	Wasser/Feuer
Muskatnuß	Löwe	Sonne/Jupiter	Wasser/Feuer
Myrrhe	Jungfrau	Merkur/Sonne	Erde/Luft
Myrte	Jungfrau	Merkur	Luft/Wasser
Narde	Jungfrau	Merkur	Erde/Feuer
Nelke	Löwe	Sonne	Erde/Feuer
Opoponax	Jungfrau/Stier	Saturn/Sonne	Erde/Feuer
Patchouli	Stier	Venus	Erde/Wasser
Perubalsam	Stier	Venus	Wasser/Erde
Pfeffer	Widder/Löwe	Mars/Pluto	Erde/Feuer
Pfefferminze	Zwillinge/ Wassermann	Merkur/ Uranus	Wasser/Erde

	Sternzeichen	Planet	Element
Rose	Fische	Jupiter/Venus	Wasser/Erde
Rosenholz	Jungfrau	Merkur	Erde/Wasser
Rosmarin	Widder	Mars/Sonne	Feuer/Erde
Safran	Stier	Sonne	Erde/Feuer
Salbei	Jungfrau	Merkur/ Jupiter	Wasser/Feuer
Sandelholz	Stier	Venus	Erde/Feuer
Sternanis	Waage	Venus/Jupiter	Feuer/Wasser
Styrax	Stier	Venus	Erde/Wasser
Thuja	Fische	Neptun	Luft/Feuer
Thymian	Widder/Löwe	Mars/Pluto/ Sonne	Feuer/Feuer
Tolu	Stier	Venus	Erde/Wasser
Tonkabohne	Krebs	Mond	Erde/Wasser
Verbena	Wassermann	Uranus/ Venus	Luft/Wasser
Wacholder	Steinbock	Saturn/Mars	Feuer/Erde
Weihrauch	Steinbock	Saturn/Sonne	Feuer/Luft
Wermut	Fische/Krebs	Mars	Luft/Feuer
Ysop	Jungfrau	Merkur	Luft/Feuer
Zeder	Jungfrau	Merkur	Erde/Feuer
Zimt	Löwe	Sonne	Feuer/Erde
Zypresse	Steinbock	Saturn	Erde/Feuer

Räuchern in verschiedenen Ländern, Kulturen, Religionen

Wo Menschen sind, da gibt es Feuer,
wo Feuer ist, da gibt es Rauch,
wo heiliger Rauch verbrannt wird, da herrscht Harmonie …

Schon seit Urzeiten nutzten die Menschen das Feuer nicht nur zum Wärmen, als Lichtquelle und Schutz, sondern es war schon immer ein Ort, wo man sich zusammengefunden hat, Geschichten erzählte und sich ausruhte. Und es ist anzunehmen, daß auch unsere frühesten Vorfahren schon bemerkt haben, wie das, was verbrennt, durch seinen Rauch und seinen Geruch die Stimmung der dabeisitzenden Menschen beeinflußt.

Man hat über 25 000 Jahre alte Wandmalereien gefunden, auf denen Pflanzen als Schmuck, Duftquelle und rituelle Gegenstände abgebildet sind. Und von allen antiken Zivilisationen ist bekannt, daß das Verbrennen bestimmter Pflanzen und Hölzer Teil religiöser Zeremonien war.

Den Göttern, die man sich im Himmel lebend vorstellte, opferte man edelste Räucherwerke, um sie uns Menschen wohlgefällig zu stimmen oder um ihnen zu danken. Wir finden schon Hinweise auf Räucherrituale im alten Mesopotamien, wo Myrrhe, Zypressenholz und Kalmuswurzeln als Opfergaben verbrannt wurden. In Babylon sollen vor mehr als 3500 Jahren pro Jahr über 29 Tonnen Weihrauch verräuchert worden sein.

Auch Zeder, Myrte, Wacholder, Weihrauch (das Harz der Boswellia sacra) wurden als »Nahrung« für die Götter verwendet. Man war der Auffassung, daß sich Verstorbene und Götter unter anderem von Düften ernährten, die ihnen die Menschen als Opfer darbrachten.

Ägypten

In Ägypten fand man in den Pyramiden Behältnisse für duftende Substanzen mit chinesischen und indischen Schriftzeichen. Viele dieser Räucherstoffe wurden damals mit Gold aufgewogen. Nur die Reichen konnten sich exotische, teure Räuchermittel leisten, während das breite Volk sich mit einfachen Dufthölzern, Harzen und Kräutern aus der Umgebung behelfen mußte.

Sicher ist, daß schon im alten Ägypten Räucherwerke neben Tanz und Gesang den Gottheiten als Nahrung und Opfer dargeboten wurden, um ihr Wohlgefallen zu erlangen. Dreimal täglich wurden vor den Götterbildern in den Tempeln Räucheropfer durch die Priester vorgenommen. Dem Sonnengott Ra, dem obersten aller Götter, wurde nach diesem Prinzip bei Sonnenaufgang Weihrauch, zu Mittag Myrrhe und abends Kyphi (eine spezielle altägyptische Räuchermischung) geopfert.

Der Wohlgeruch der Räucherwerke (speziell von Weihrauch) wurde oft mit dem Duft der Götter gleichgesetzt und durfte bei keiner Anrufung derselben fehlen. Mit der Anwesenheit von Räucherduft assoziierte man die Anwesenheit der Götter. Bei allen Totenritualen waren Räuchermittel unentbehrlich. Denn man nahm an, daß die Toten auf ihrem Weg zum Himmel von bösen, übelriechenden Dämonen und

Geistern heimgesucht würden. Die göttlich duftenden Räucherschwaden sollten den Toten als Leiter dienen auf ihrem Weg in die Seligkeit und Dämonen davon abhalten, sie dabei zu erschrecken oder zu stören.

Die wichtigsten antiken ägyptischen Räuchermittel waren: Weihrauch, Myrrhe, Zeder, Wacholder, Myrte, Sandelholz, Zyperngras, Kardamom, Kalmuswurzeln, Galgant, Zypressenholz, Labdanum, Galbanum, Ambra, Moschus, Mastix, Ebenholzrinde, Ingwergras. Die meisten dieser Stoffe wurden von weit her importiert, und der Hafen zu Punt war der wichtigste Räucherhandelsplatz.

Man war auch der Meinung, daß sich die göttliche Kraft der Räucherwerke auf die Menschen übertrug, wenn sie den Duft der Räucherschwaden einatmeten. So wurde bei allen Arten von Zeremonien kräftig geräuchert, ebenso wie bei psychologischen Problemen.

»Schlechte Gedanken« ließen sich durch spezielle Räuchermischungen reinigen. Sogar in der Medizin (z. B. bei Entzündungen, Geschwüren, Asthma) wurden Räucherungen (z. B. Kyphi) eingesetzt. Zur Raumbeduftung und zur Beduftung von Kleidern waren Räucherwerke unentbehrlich.

Außerdem wurden mit Weihrauch, Zimt, Wacholder oder Kalmus durch Ausräuchern von Getreidekammern gezielt alle Schädlinge (z. B. Bohnenkäfer oder Getreidemotten) vernichtet. Ein Gramm Harz konnte innerhalb eines Tages eine Speisekammer von allen Insekten befreien.

Die Priester räucherten bei Opferhandlungen bevorzugt in Räucherpfannen, die die Form einer Hand hatten und an einem langen Stiel – dem Arm – saßen. Am Eingang vor den Tempeln brannte links und rechts eine Schale mit Räucherwerk, um die Gläubigen auf die Zeremonie einzustimmen und um sie von schlechten Gedanken und negativen Einflüssen zu reinigen.

Im alten Ägypten stand die Kultur des Räucherns in voller

Kyphi-Rezeptbeispiel

1 Tl Weihrauch	1 Tl Myrrhe
1 Tl Mastix	1 Tl Kalmuswurzeln
1 Tl Zimtpulver	1 Tl Zypressenholzpulver
1 Tl Wacholderbeeren	1 Tl Benzoe
1 Tl Labdanum	1 Tl Sandelholzpulver
1 Tl Rosinen zerstossen	1 Tl Honig zähflüssig bis fest
1–2 Tl Rotwein	

Alle Zutaten zerkleinern, gut miteinander vermengen und dann gut verschlossen mindestens 4–8 Wochen stehen lassen. Prisenweise verwenden!
Wenn es zu flüssig geworden ist, mit 1–3 Tl Sandelholzpulver festigen. Sollte eine Zutat nicht erhältlich sein, kann sie weggelassen werden oder durch Kardamom oder Galbanum ersetzt werden. Diese Rezeptur können Sie nach Belieben modifizieren.

Blüte, und aufgrund des Bedarfs an exotischen Räucherstoffen wurde eine eigene Handelsstraße nach Asien errichtet.

Kyphi, die berühmte ägyptische Räuchermischung, besteht aus kostbaren Ingredienzien.

Ob alle hier genannten Zutaten dem Ur-Rezept entsprechen, ist fraglich, da die botanische Bestimmung der überlieferten Texte nicht eindeutig möglich ist und auch schon damals verschiedene Rezepturen im Umlauf waren.

Auf jeden Fall ist Kyphi sehr angenehm und aromatisch und eignet sich hervorragend zum Entspannen, Besinnen, Anrufen, Reinigen etc. Kyphi galt im alten Ägypten als Allheilmittel.

Indien

Indien hat wahrscheinlich einst den größten Einfluß auf das spirituelle Leben der ganzen Welt gehabt. In der Rigveda (Upanishaden) – eine der ältesten religiösen Schriften überhaupt – finden wir schon genaue Hinweise, wie man sich durch duftendes Räucherwerk im Opferritual von schlechten Taten und negativen Charaktereigenschaften reinigen kann.

In Indien, der »Wiege der geistigen Welt«, können wir auch heute noch die tagtägliche Anwendung aller Arten von Räucherwerk beobachten. Meistens werden »Agarabatti« (Räucherstäbchen) bevorzugt, die es in vielen verschiedenen Duft- und Wirkrichtungen gibt. Von Erotik über geistige Entwicklung bis zur Ahnenanrufung gibt es hier eine bunte Vielfalt an Angeboten. Auch unzählige Räucherwerke, die man in die Glut des Ofens streut, sind im Einsatz.

In alten Zeiten wurden, je nach Kastenzugehörigkeit, bestimmte duftende Hölzer und Kräuter bei der Leichenverbrennung eingesetzt. Heilige wurden z. B. auf Sandelholz verbrannt. Der Grund für das Räuchern beim Verbrennen von Leichen war wahrscheinlich auch ein ganz praktischer: Die wohlriechenden Dämpfe des Räucherwerkes überdeckten den penetranten Geruch des verbrennenden Eiweißes.

Von einfachen Räucherpfannen bis hin zu wunderschönen Bronzeräuchergefäßen mit zahlreichen Ornamenten finden wir in Indien eine breitgefächerte Auswahl an Räuchergegenständen.

In der Bagavadgita wird der Gott Indra mit dem »Wohlgeruch der Erde« gleichgesetzt. Den drei Hauptgöttern Brahma, Shiva und Vishnu wurden Räucheropfer in allen vier Himmelsrichtungen dargeboten.

Auch in der traditionellen ayurvedischen Medizin wurde ausgiebig mit Räucherwerk gearbeitet. Räucherungen werden heute noch in der tibetanischen Psychiatrie bei allen Arten von mentalen und psychologischen Störungen als sehr wirksam gepriesen. Denn nach alter lamaistischer Tradition werden dort medizinische Mittel durch magische Räucherpraktiken unterstützt. Ähnlich wie bei einer Inhalation mit ätherischem Öl und Wasser beugt sich der Kranke über die Räucherkohle, auf die eine Prise wirksames Räucherwerk gestreut wird, und hält ein Tuch über den Kopf, um den Rauch intensiv einatmen zu können.

Dieser Praxis haben sich auch die hinduistischen Medien bedient, um mit den Dorfgeistern Kontakt aufzunehmen und um negative Einflüsse abzuwehren. Typische indische Räucherwerkszutaten sind:

Aloeholz, Kardamom, Kubeben, Safran, Narde, Patchouli, Granatapfel, Sandelholz, Wacholder, Farnkraut, Rose, Jasmin, Lavendel, Kostuswurzel, Baldrian, Muskatnuß, Agaruholz (Aloe), Rhododendronblätter, Bohnen, Kiefernharze, Gewürznelken, Harze des Salzbaumes (Shorea robusta) und die Früchte der Myrobalanen (Terminalia belerica, Terminalia chebula und Terminalia officinalis), die als starke tibetisch-ayurvedische Heilmittel gelten.

Das Sandelholz ist sicher das berühmteste Zubehör für indisches Räucherwerk. Seit über 3000 Jahren verehrt man den Sandelholzbaum als den königlichen Baum. Speziell im Buddhismus wurde Sandelholz hochgeschätzt und auf vielerlei Weise vermischt oder auch pur verräuchert. Man nahm an, daß der Duft von bestimmten Räucherstoffen böse Dämonen und Geister bannte, schlechtes Karma abzubauen half und die Menschen in die »reinen Länder« Buddhas führte.

Für traditionelle Zeremonien wurden üblicherweise fünf bis sieben zerkleinerte aromatische Stoffe eingesetzt: Sandelholz, Aloeholz, Zimt, Zeder, Kampher, Ingwer und Ambra.

Der historische Buddha empfahl seinen Jüngern, in erster Linie die Achtsamkeit des Geistes zu üben. Die Räucherrituale waren meist mit Sutrenrezitationen oder Niederwerfungen verbunden und sollten die unruhigen Herzen und den Geist der Praktizierenden sowohl besänftigen als auch ihre Demut vor dem unergründlichen Sein verstärken. Bei der stillen, reinen Betrachtung des Geistes half das Räucherwerk, die aufsteigenden Gedanken und Gefühle wie die Rauchschwaden des Weihrauchs ziehen zu lassen, bis sie sich im »großen Nirwanawesen« aufgelöst hatten. Nebenbei waren die Räuchermischungen auch geeignet, störende Insekten zu vertreiben (z. B. mit Nelke, Zeder, Zimt, Kampher). Aber im wesentlichen sollte das Räucherwerk den Gläubigen helfen, den Weg in die »reinen Länder« Buddhas zu finden. So nennt man einen geistigen Zustand, der frei von Haß, Begierde und Täuschung ist.

Es gibt eine Stelle in den Mahayana-Sutren, wo der buddhistische Heilige Monju (für Weisheit und Verstehen) einen Dialog mit dem indischen Laienmönch Yuima führt. Hier wird deutlich, daß in der Welt Buddhas alles in der Form von Düften als Räucherschwaden in Erscheinung tritt. Die Worte Buddhas werden symbolisch als Räucherdüfte verstanden, die durch die Welt ziehen und die leidenden und verwirrten Menschen erlösen.

Sowohl bei den Hindus als auch bei den in Indien lebenden Moslems ist das tägliche Räucherritual noch heute gängige Praxis. Viele wichtige Räucherstoffe werden von Indien seit Jahrtausenden in alle Welt exportiert.

China

In China gibt es einen interessanten Ausdruck für das Riechen von Räucherwerk: »Wenxiang«, und das bedeutet soviel wie: »Dem Räucherwerk lauschen.«

Diese subtile Art, den Vorgang der Duftwahrnehmung zu beschreiben, zeigt uns, wie tief die Chinesen schon in alten Zeiten in die Welt des Dufterlebens eingedrungen waren. Der Ausdruck wurde später von den japanischen Räucherliebhabern übernommen und als »mon-koh« vom chinesischen Zeichen gelesen. Daraus entwickelte sich in Japan später der Name »Koh-Do«, was soviel wie »Weg des Räucherns« bedeutet und eine Räucherzeremonie bezeichnet.

Die ersten benannten und bekannt gewordenen großen Religionen waren der Taoismus und der Konfuzianismus. Welche von beiden die ältere ist, konnte bis heute nicht eindeutig geklärt werden. In manchen Literaturhinweisen tritt Lao-Tse, der sagenumwobene Autor eines der wichtigsten taoistischen Werke, dem »Tao Te King«, als kritischer Widerpart des sehr moralisch, ethisch und sittlich lehrenden Konfuzius auf. Dieser hat etwa von 551 bis 479 v. Chr. gelebt und gelehrt. Ein weiteres wichtiges Werk des Taoismus ist das »Dschuang-Dse«, dessen Verfasser ca. 300 v. Chr. gelebt hat. Sowohl im Taoismus als auch im Konfuzianismus war die Verwendung von Räucherwerk hochgeschätzt.

Die Grundsubstanz der Geisteranrufungen, die einmal pro Woche von einem Medium oder Priester vorgenommen wurden, war ursprünglich Hanf, dessen halluzinogene Wirkung in China seit mehr als 3500 Jahren bekannt ist. Damit wird deutlich, daß in China schon lange vor dem Entstehen dieser Religionen intensiv geräuchert wurde.

Speziell im stark rituell und mystisch ausgerichteten Taoismus gelangten die Räucherwerke zu einer wahren Hochblüte. Bei keiner magischen Zeremonie durften Räuchermittel wie Zedern, Kiefern, Thuja, Wacholder, Kampher, Süßgräser, Cassia, Kalmus, Beifuß (der auch zur Moxabustion verwendet wurde), Jasminblüten, Chrysanthemenblüten, Elemiharz, Moschus, Basilikum u.v.a.m. fehlen. Der Duft der Räucherschwaden half, die Ahnen anzurufen, böse Dämonen von Haus und Garten fernzuhalten, Glück und Erfolg anzuziehen und bei den verschiedensten Übungen und Meditationen den Geist wachsam zu halten.

Den guten Geistern und Feen wurde damit Nahrung dargeboten, und weil diese sich gerne in wohlriechender Umgebung aufhielten, bedeutete häufiges Räuchern auch Harmonie, Schutz und Wohlstand für eine Familie. Räucherstäbchen werden auch heute noch von den Chinesen »Joss-Sticks« genannt, was soviel wie Glücks- oder Schicksalsstäbchen bedeutet.

In China gab es auch eine hochentwickelte Kultur in der Herstellung von wertvollen Räuchergefäßen. Jade, Bronze, Porzellan und sogar Gold waren beliebte Werkstoffe für diese oft aufwendig und symbolreich verzierten Kunstwerke. Die tiefe Symbolik und Ausstrahlungskraft fasziniert auch den heutigen Betrachter. Leider sind durch die kommunistische Kulturrevolution unschätzbare kulturell-religiöse Werte vernichtet worden. Im Verborgenen wurde und wird aber unvermindert bis heute weitergeräuchert.

Der Taoismus war immer wieder auch von großen Kaisern geschätzt, weil er sehr viele lebensverlängernde Praktiken lehrte und für fast alle Lebenslagen hilfreiche Techniken und Übungen bot. Er entwickelte schon einige Jahrhunderte vor Christus ein ganzheitliches System zur Erhaltung der Gesundheit, vom dem wir auch heute noch sehr viel profitieren können. Räucherwerke, die in den taoistischen Tempeln in zum Teil mannshohen Räuchergefäßen verbrannt wurden, durften dabei nie fehlen. Das Abbrennen von edlem Räucherwerk galt neben strengen Ernährungsrichtlinien, gymnastischen Übungen, Atemübungen und verschiedenen Meditationstechniken als das wichtigste Ritual.

Im Konfuzianismus, der zweiten und wichtigsten Religion Chinas, wurden Räucherwerke hauptsächlich im Ahnenkult, zur ästhetischen Wohnraum- und Kleiderbeduftung, zur Verbindung mit den Göttern und zum Vertreiben von bösen Dämonen verwendet. Eines der berühmtesten Werke der konfuzianischen Schule ist das Orakelbuch der 64 Wandlungen, das »I-Ging«. Um die geeignete Stimmung für das Orakel zu schaffen – die göttliche Weisheit oder den reinen Atem der Götter anzurufen –, war ein Räucherritual unerläßlich (siehe auch Kapitel »Orakelräucherungen«).

Da in der traditionellen chinesischen Medizin Körper,

Seele und das Einheitsprinzip (Geist) nicht voneinander getrennt gesehen wurden, sondern als Ganzheit, war das Räuchern auch für medizinische Zwecke sehr beliebt. In der Ansicht, daß böse Dämonen für viele körperliche Krankheiten verantwortlich sind, finden wir Vorläufer der modernen Psychosomatik: Negative Gedanken und Gefühle ebenso wie das soziale Umfeld beeinflussen körperliche Beschwerden maßgeblich (z. B. Hautkrankheiten, Verdauungsstörungen, Rückenschmerzen, Kopfschmerzen usw.). Sie wirken sich außerdem auf den Heilungsprozeß aus. Da die verschiedensten Räucherwerke in der Lage sind, unseren psychischen Zustand zu klären und zu festigen, hatten sie im traditionellen Heilverfahren einen wichtigen Platz inne.

Auch der Buddhismus blickt in China auf eine über 2000 Jahre alte Geschichte zurück. Etwa 150 v. Chr. haben sich die ersten buddhistischen Mönche aus Indien in China niedergelassen und mit der Belehrung der chinesischen Bevölkerung begonnen. In der Zeit um 500 n. Chr. soll es in China ca. 2 Millionen buddhistische Mönche gegeben haben. Mit den Mönchen kamen buddhistische Räucherwerke und Rituale in das Land der Mitte.

Im Norden Chinas zeigten auch gewöhnliche Leute reges Interesse, und die Räucherpraxis war stark von speziellen Meditationstechniken und Magie geprägt. In den intellektuell orientierten südlichen Provinzen hingegen beschränkte sich der Buddhismus anfangs auf die ästhetische Art des Räucherns, auf Unterstützung bei ihren philosophischen Debatten und beim intuitiven Erfassen der Wahrheit.

In dieser Periode entwickelte sich in China der Buddhismus zu einer eigenen, sehr erfolgreichen Stilrichtung: dem »Chan-Buddhismus«, der über die in Japan weiterentwickelten Zen-Schulen auch in der modernen westlichen Welt weitverbreitet ist.

Bodhidharma, ein Königssohn aus Südindien, soll der sagenumwobene Begründer des Chan- (od. jap. Zen)-Buddhismus sein. Er kam ca. 475 n. Chr. in Südchina an und revolutionierte den verweltlichten und mystifizierten Buddhismus grundlegend. Das Verbrennen von Räucherwerk sah er als reine Symbolhandlung an, die ohne das aktive Beschreiten des geistigen Weges (Dharma) völlig nutzlos sei. Er sagt: »Das Beachten der Glaubensregeln vertreibt wie ein duftendes Räucherwerk Verunreinigungen, Unwissenheit und schlechte Taten.« Das bedeutet, daß Räuchern ohne persönliche Anteilnahme nur sehr wenig bringt.

Die buddhistischen Mönche in China entwickelten mit der Zeit gleichmäßig abbrennende Räucherstäbchen, die als Räucher- oder Duftuhr dienten. Hierfür wurden entweder Kerben oder Symbole in die Räuchermasse geprägt. Manchmal waren verschiedene Sequenzen des Stäbchens auch unterschiedlich beduftet, so daß man jede Stunde an einem anderen Duft erkennen konnte. Zum Teil ist diese Kunst in China wie auch in Japan bis heute erhalten geblieben.

China hat wohl einst die höchste Kultur in der Anwendung von Räuchermitteln entwickelt, die dann später in Japan noch weiter verfeinert wurde und sich dort bis heute gehalten hat.

Japan

Der älteste japanische Räucherkult, Kajeki genannt, soll mehrere tausend Jahre alt sein und wird in Form eines Räucherfestes durchgeführt. Doch die Ursprünge der heute üblichen japanischen Räucherkultur liegen höchstwahrscheinlich in China. Denn an vielen geistigen und kulturellen Impulsen war der über China und Korea eingeführte Buddhismus wesentlich beteiligt (so auch am »Weg des Räucherns«, Koh-Do, oder auch der Teezeremonie, Cha-Do).

Schon im 6. Jh. n. Chr. wurden in Japan durch buddhistische Mönche Räucherwerke und deren rituelle Anwendungstechniken verbreitet. In der Nara-Periode (ca. 710–794 n. Chr.) übernahmen Herrscher die Macht, die den Buddhismus unterstützten, und so fanden die Räucherrituale auch Eingang in Zeremonien am japanischen Hof. Bald waren Räucherungen in allen Schichten der Bevölkerung beliebt und wurden nicht nur für buddhistische Zeremonien (z. B. Todesfälle, Hochzeiten, Meditationen, Sutrenlesungen) verwendet.

Interessant mag sein, daß Japan immer ein sehr armes Land an duftenden Rohstoffen war. So mußten von Anfang an fast alle wichtigen Grundsubstanzen für die Räucherwerksherstellung aus den tropischen Gegenden Südostasiens importiert werden.

Hierzu eine kleine Geschichte: Einmal wurde im 6. Jahrhundert ein großes Stück Aloeholz an die japanische Küste gespült. Da die Dorfbewohner, die es fanden, mit Räucherhölzern noch nie in Berührung gekommen waren, versuchten sie, den zerkleinerten Stamm als Brennholz zu verwenden. Dabei entwickelte sich ein starker aromatischer Duft, der die Leute so sehr verwunderte, daß sie das Holz ihrem Herrscher präsentierten. Der damalige Prinz Shotoku, der schon ein Anhänger des Buddhismus war, erkannte es sofort als wertvolles Räucherwerk und war hocherfreut, den edlen Fund dem Kaiser vorzustellen. Dieses Aloeholz wird in Japan Jin koh genannt. Wobei jin »unter Wasser sinkend« bedeutet und koh »Räucherwerk«. Tatsächlich sind die harzreichen Teile des fermentierten Aloeholzes schwerer als Wasser.

Da in Japan feines Räucherwerk eine teure Rarität war und der Buddhismus eine Abkehr vom Materiellen lehrt, darf es uns nicht verwundern, daß ein Herrscher seinem General nach siegreich geschlagener Schlacht als hochgeschätzte Belohnung manchmal nur eine Schatulle mit edlem Räucherholz überreichte. Für bestimmte, fermentierte Aloesorten werden auch heute noch von Liebhabern 100 000 Mark und mehr pro Kilo bezahlt.

Der chinesische Mönch Ganjin (688–763 n. Chr.) brachte viele wichtige Räucherzutaten nach Japan und verbreitete als erster die Technik der Herstellung von buddhistischen Räuchermischungen. In der folgenden Heian-Periode (794–1192 n. Chr.) wurde die Herstellung und Verwendung von Räucherwerk so richtig populär. Ähnlich wie in China, begann man jetzt auch Räucherwerk für ästhetische und medizinische Zwecke einzusetzen. Man beduftete Räume, Kleidungsstücke, Kissen oder räucherte zu Ehren eines geschätzten Gastes.

Da sich diese »profanen« Anwendungen von den ursprünglichen buddhistischen stark abhoben, unterschied man die verschiedenen Wege durch zwei Begriffe: *Soradake* (leeres Räucherwerk) nannte man die mehr weltlich orientierten Anwendungen, weil sie ohne religiöse Bedeutung waren. *Sonae-Koh* (Buddhaopferräucherung) hießen die nur für religiöse Zwecke gebrauchten Räucherwerke.

Aus der weltlichen Räucherlinie entwickelte sich ca. zwei Jahrhunderte später in der Muromachi-Periode (1336–1573 n. Chr.) die Technik, den »Räucherwerken zu lauschen«. Diese Tradition gab es, wie wir schon erfahren haben, ursprünglich in China.

Damit war der Koh-Do, der Weg des Räucherns, aus der Taufe gehoben. Meist unter der Leitung von Zen-Mönchen (wie auch bei der Teezeremonie) wurden »Räucherwettkämpfe« von den verschiedenen Herrscherfamilien veranstaltet. Je nach Schule wurden andere Regeln und Rezepte favorisiert. In der Kamakura-Ära (im 14. Jh. n.. Chr.) war der Koh-Do schon ein festes Element des Bushido (der Weg der traditionellen Kampfkünste). Kunst und Ästhetik waren bei den kriegerischen, japanischen Edelleuten einst hochgeschätzt. Erst in der Edo-Ära (im 17. Jh.) erreicht diese kunstvolle Anwendung von Räucherwerken auch in der breiten Bevölkerung seinen Höhepunkt. Zwei große Schulen haben sich bis in die heutige Zeit erhalten: Die »Oije-Ryu«, die von Aristokraten der kaiserlichen Familie begründet wurde, und die »Shino-Ryu«, deren Grundstein von Samurais gelegt worden war.

Bei den Wettkämpfen, »Koh-awase« genannt, mußten bestimmte Räucherdüfte erkannt und benannt oder edle neue Mischungen kreiert werden. Meistens am Abend, wenn die Luft durch das Aufsteigen der Abendnebel feuchter war (in dieser Luft riecht man besser), wurde in ein mit Asche gefülltes Räuchergefäß ein glühendes Kohlestück versenkt und darüber ein dünnes Metallplättchen gelegt. Darauf gab man eine kleine Menge Räucherwerk, um den Räuchertopf sodann unter den Anwesenden herumzureichen. Dieser Vorgang wurde mit verschiedenen, insgesamt fünf bis zehn anderen Räucherwerken wiederholt. Wer die meisten Duftstoffe erkannte, hatte gewonnen.

Entsprechend der Zen-Tradition mußte diese Zeremonie in absoluter Stille durchgeführt werden, da nur die vollkommene Achtsamkeit des Geistes ein Erkennen der einzelnen Räucherdüfte möglich machte. Nur ein Mensch, der fähig war, all seine störenden Gefühle und Gedanken abzuschalten, konnte die schwierigen Aufgaben erfolgreich lösen. Der Koh-Do galt als Weg der spirituellen Freude und wurde zum Öffnen der geistigen Sensibilität angewendet. Die spirituelle Erfahrung beim Räuchern wurde Yugen genannt, womit ein tiefsinniger und erhabener geistiger Zustand bezeichnet wurde, der das Herzstück der japanischen Kultur ist. So wurde der Koh-Do in Japan einer der Zen-Wege, um den Charakter von Menschen zu läutern und um den Zustand der vollkommenen Selbstverwirklichung (Bodhi) zu erlangen.

In den buddhistischen und shintoistischen Tempeln (Shintoismus ist die japanische Urreligion) wird auch heute noch täglich geräuchert. Viele Pilger werfen ein ganzes Bündel Räucherstäbchen in riesengroße Räucherbecken, die im Hof der Tempel für Räucheropfer aufgestellt sind.

Es gibt in Japan heute sicherlich die größte noch praktisch verwendete Vielfalt an erlesenen Räucherwerken und -stäbchen.

Das antike Griechenland

In der Antike wurde Griechenland stark von den phönizischen, hebräischen und ägyptischen Hochkulturen beeinflußt.

Die griechische Zivilisation begann sich um etwa 1000 v. Chr. zu entwickeln. Alle wesentlichen Grundlagen für unser »westliches Gedankengut« sind hier verwurzelt. In dem großartigen Werk Homers, welches ca. 750 v. Chr. entstand, erleben wir eine Vielfalt von verschiedensten Göttergestalten in Verbindung mit der Pflanzenwelt. Die ungreifbaren Düfte galten als göttlich, und edler Duft zeugte von der Anwesenheit der unsterblichen Götter. So wurde der Räucherduft von Weihrauch und Myrrhe mit dem Duft der Götter gleichgesetzt. Diese beiden Harze galten als die edelsten Zutaten für religiöse Räucherungen, und bei den Orakelsprüchen waren sie nicht wegzudenken. Viele Räucherstoffe wurden einer bestimmten Gottheit zugeordnet.

Die Griechen liebten feines Räucherwerk, das bei allen Arten von Festen zu Ehren und zur Freude der Götter verräuchert wurde. Meistens wurden Räucherwerke zusammen mit Tieropfern verwendet, sicherlich auch wie bei den Indern und Ägyptern, um den Gestank des verbrennenden Eiweißes zu mildern. Typische Räucherstoffe waren: Labdanum, Lorbeer, Gewürznelken, Safran, Benzoe, Styrax, Kostus, Narde, Zedernholz, Weihrauch, Myrrhe und sogar Bernstein.

Auch in der traditionellen Medizin wurde geräuchert. In alten Heilzentren gab es drei Stufen: Auf der ersten Stufe wurden unter anderem gymnastische Übungen, Spaziergänge in duftenden Gärten und Trinkkuren durchgeführt. Die zweite Ebene war für Massagen, Heilbäder, Heilpackungen und andere Behandlungsmethoden eingerichtet, während es auf der dritten und höchsten Stufe einen Tempel gab, wo man betete und wo die Kranken sich »gesundschlafen« konnten. Daß man in den Tempelstätten bei den Gebeten ausgiebig räucherte, versteht sich von selbst.

Die Griechen verfeinerten die überlieferten Räucherrituale der anderen Länder und entwickelten eine eigene Kultur des Räucherns, die in den verschiedensten Bereichen des täglichen Lebens Anwendung fand. Wir verdanken ihnen auch die Theorie der vier Temperamente und der Sternzeichentypen, zu denen sie eigene Räucherrituale und -Mischungen entwickelten. (Siehe auch Kapitel »Räuchern und die Sterne«) Aus Griechenland kommt der sehr teure, edle Räucherstoff Mastix. In Griechenland führen die Hausfrauen auch heute noch mindestens einmal pro Woche eine Reinigungsräucherung durch, und wir finden Räucherzutaten in fast jeder Gemischtwarenhandlung.

Der jüdische Glauben

Schon im Buch Mose gibt Gott den Befehl, einen Räucheraltar zu errichten und darauf edle Räucherzutaten wie Weihrauch, Myrrhe, Balsam und Stakte sowie Galbanum, Zimt, Cassia und Kalmus in seinem Gedenken zu verbrennen. Das 2. Buch Mose, Kap. 30, beginnt mit einer genauen Anweisung zum Errichten eines Räucheraltares, zum Herstellen und Anwenden einer Räuchermischung.

Man räucherte in erster Linie zu Ehren Jehovas; die ästhetische Verwendung von Räucherwerk war somit verboten.

Räucherungen wurden nur von den Priestern für heilige Zwecke durchgeführt, denn sie galten als ein Symbol für den »Odem und den Namen des Herrn«.

Man nimmt an, daß schon um 1000 v. Chr. rituelle Räucherungen in der jüdischen Religion üblich waren. Somit blickt auch das Judentum auf eine sehr lange Tradition des Räucherns zurück, die jedoch höchstwahrscheinlich von anderen Kulturen – wie Babylon und Ägypten – stark beeinflußt war. Für zeremonielle Handlungen war das Räucherwerk nicht unbedingt notwendig, wurde aber gerne – speziell für die Reinigung von Räumen und bei psychischen Problemen und Krankheiten – eingesetzt.

Das alte Rom

Die antike römische Republik wurde ca. 500 v. Chr. gegründet. Aufgrund der kriegerischen Auseinandersetzungen mit Ägypten lernte man das Räucherwerk kennen und brachte es mit nach Rom.

Am Anfang wurde meist in religiösen Zeremonien geräuchert. Die Zutaten hierfür waren Rohstoffe aus der Umgebung wie Thymian, Zypresse, Lorbeer, Wacholder, Pinie, Rosmarin und Salbei.

Erst später kamen Weihrauch, Safran, Myrrhe, Labdanum, Styrax, Narde, Kalmus, Galbanum, Kardamom und Zypergras dazu, Stoffe, die eingeführt werden mußten.

Ein recht extremer Räucherkult läßt sich bei Kaiser Nero beobachten, der anläßlich der Beerdigung seiner Gemahlin Poppea mehr Weihrauch verbrannt haben soll, als Arabien in einem Jahr zu produzieren imstande war. Ca. 100 n. Ch. wurden neben all den heimischen Räucherstoffen im Jahr an die 3000 Tonnen Weihrauch und 600 Tonnen Myrrhe verräuchert. Normalerweise räucherte man auf Altären für die Hausgötter, bei öffentlichen Gottesdiensten und bei festlichen Anlässen, z. B., um einen Sieg zu feiern oder um einen hohen Gast zu ehren.

Die römische Kultur kann man sicher eher eroberungsfreudig als tief religiös bezeichnen. Kultische Handlungen wurden zwar mit Räucherwerk durchgeführt, aber es überwogen die ästhetischen Anwendungen zur Raumbeduftung etc. Trotzdem entwickelten die Römer – ähnlich wie die Griechen – eine interessante Duftsymbolik: Sie weihten die verschiedenen Räuchermittel bestimmten Göttern: z. B. Cassia und Benzoe dem Jupiter (Gott des Himmels), Aloe dem Mars (Kriegsgott), Safran dem Phoebus (Sonnengott), Zimt dem Merkur (Gott des Handels), Kostus dem Saturn (Gott des Ackerbaus).

Das Christentum

Das Christentum in seiner ursprünglichen Form hat die Verwendung von Räucherwerk vehement abgelehnt, da die Wurzeln des Räucherns in »heidnischen Religionen« und im Judentum lagen. Außerdem wurden die Christen im alten Rom (ca. 200 n. Chr.) anfangs gezwungen, bei einer Räucherzeremonie ihren Glauben zu verleugnen. Man forderte von ihnen, Räucherwerk auf den kaiserlichen Altären dem Kaiser als Zeichen der Loyalität darzubringen. Diese demütigende Behandlung im Zusammenhang mit Weihrauch hinterließ seine Narben.

Jesus Christus war ein Revolutionär des Glaubens. Er wollte, ähnlich wie Buddha in Indien und Bodhidharma in China, daß die Menschen durch ihren »reinen Glauben« in das Reich Gottes eingingen. Seine Symbolsprache war einfach, und aufwendige Zeremonien und religiöser Pomp waren für ihn Aktivitäten der »Kleingläubigen«. Aber die nachfolgenden Verbreiter seiner Lehre erkannten sehr bald, daß sie, um mit den anderen Religionen mithalten zu können, die Bauwerke, die liturgischen Geräte, die Gewänder und die Räucherzeremonien nach dem Beispiel der heidnischen Tempelkulte entwickeln mußten.

Schon drei Jahrhunderte nach Christi Geburt konnte die christliche Messe mit der prunkhaftesten heidnischen Götterzeremonie mithalten. Dennoch waren in den ersten drei Jahrhunderten nach den Aposteln Räucherzeremonien eher unüblich. Und auch im 4. Jahrhundert zählt der Kirchenvater Gregor von Nyssa Weihrauchgefäße unter die Luxus-Artikel, die für die Seele nicht förderlich sind, und das Räucherwerk bezeichnet er als schädlich. Pikanterweise begann man gerade zu dieser Zeit damit, im Christentum kräftig zu räuchern, und benutzte dabei oft heidnische Geräte und Zutaten, wie die Pharaonen sie seit mehr als 3000 Jahren kannten.

Diese widersprüchliche Haltung zum Räuchern zieht sich durch die ganze christliche Geschichte bis in die heutige Zeit. Sehr viele Christen lehnen auch heute noch den Gebrauch von Weihrauch und Räucherwerk ab. Bei den Protestanten wird überhaupt nicht geräuchert, während orthodoxe Kirchen sehr viele Räucheranwendungen durchführen. Wahrscheinlich liegt diese zwiespältige Haltung daran, daß hier kein eigener Räucherkult entwickelt worden war, sondern aus verschiedenen anderen Traditionen einige Anwendungen mit der Zeit nachträglich eingebaut wurden.

Sicher ist, daß in den folgenden Jahrhunderten bei Gottesdiensten, bei Prozessionen, bei Gebeten, der Einweihung von Wohn- und Kirchenhäusern, bei Begräbnissen wie auch bei exorzistischen Teufelsaustreibungen Räucherwerk nicht mehr fehlen durfte. In Pestzeiten umgaben sich die Kirchenväter (die allein sich diese teure Prozedur leisten konnten) Tag und Nacht mit dicken Weihrauchschwaden, um durch die desinfizierende Wirkung des Weihrauchs nicht von der tödliche Seuche befallen zu werden. Es wurde oftmals auch aus kosmetischen Zwecken geräuchert – z. B. mit Weihrauch und Myrrhe, um Unreinheiten der Haut zu behandeln.

Am Ende können wir noch sagen, daß es gemessen an den anderen Religionen hier eine eher bescheidene Vielfalt an Sorten gab, hauptsächlich Weihrauch, Myrrhe, Tolu, Benzoe, Mastix, Styrax, Labdanum, Perubalsam und Drachenblut. Trotzdem nahm das Räuchern in den zeremoniellen Handlungen einen wichtigen Stellenwert ein.

Alle Arten von magischen Räucherungen galten übrigens als Hexerei und waren verboten.

Arabien

Der Prophet Mohammed (6. Jh. n. Chr.) ist dafür bekannt, daß er feine Wohlgerüche sehr schätzte. Meistens wurden Düfte in Form von Parfums bevorzugt. Moschus – der erogenste aller Duftstoffe – nahm eine besondere Stellung ein. Er wurde sogar in den Mörtel von Moscheen gemischt, um die Gläubigen dadurch an das Betreten eines »paradiesischen Gartens« zu erinnern.

Da der Islam sich über die verschiedensten Völker der Welt verbreitete, erlebte auch die Anwendung von Räucherwerken viele unterschiedliche Einflüsse. Die Sufis, die als mystische, islamische Lehrer bis heute hochgeachtet sind, empfahlen den Gläubigen, in einer duftenden, ans Überirdische erinnernde Atmosphäre zu meditieren und zu beten. Was würde sich hierfür besser eignen als Räucherwerk?

Je nach Gebiet wird bei religiösen Anlässen wie Hochzeit, Beschneidung, Begräbnissen und auf den Altären geräuchert. Von Zauberern und Magiern werden bestimmte Räuchermischungen verwendet, um Dämonen auszutreiben, den »bösen Blick« abzuwehren oder um einen Liebeszauber durchzuführen. Das Abhalten von Liebesritualen, um getrennte Paare wieder zusammenzuführen oder eine unglückliche Beziehung zu harmonisieren, ist auch heute noch gängige Praxis. Meistens werden hierfür auch duftende Talismane und magische Parfums mit eingesetzt.

Die typischen Rohstoffe für arabische Räuchermittel sind: Patchouli, Sandelholz, Moschus, Ambra, Zimt, Nelke, Benzoe, Styrax, Weihrauch, Labdanum, Koriander und viele andere Gewürze. Mit Weihrauch wurden häufig auch Gegenstände, Kleidungsstücke und sogar Bärte durch Räucherungen gereinigt und beduftet.

Speziell bei Zeremonien für Verstorbene wird meist eine Mischung aus Aloeholz, Benzoe, Patchouli und Sandelholz verwendet. Damit soll es den Seelen erleichtert werden, zum Himmel aufzusteigen.

Arabien hatte schon lange vor der Zeit des »schwarzen Goldes«, des Erdöls, eine sehr wichtige Stellung in der Weltwirtschaft inne. Als das Räuchern noch in allen Kulturen sehr umfangreich betrieben wurde und gute Weihrauch- und Myrrhesorten so teuer wie Gold gehandelt wurden, war Arabien das einzige Land, das diese geschätzten Produkte liefern konnte. Mit geschickten Tricks und Geschichten verhinderten die Araber immer wieder, daß man herausfand, wo und wie das Harz dieser begehrtesten Bäume geerntet wurde. Damit gelangten sie zu stattlichem Reichtum, da sie ihre Monopolstellung für den Myrrhe- und Weihrauchhandel für lange Zeit bewahren konnten.

In Arabien wurden fast alle gesellschaftlichen Anlässe von Räucherungen begleitet. Nicht zuletzt wurde und wird auch im Islam, der in den arabischen Staaten verbreiteten Religion, sehr viel geräuchert.

Die Indianer

Wir müssen hier zwischen südamerikanischen und nordamerikanischen Indianern unterscheiden.

Die *nordamerikanischen Stämme* räucherten und räuchern meistens mit Heilkräutern und Zweigen verschiedener Bäume ihrer Region. Speziell Sage (aus verschiedenen Beifußarten), white Sage (eine Salbeiart), Salbei, Wacholder, Süßgras, Tabak, Zeder, Thuja und einige wildwachsende Heilpflanzen sind ihre typischen Räucherzutaten.

Ihre spirituelle Kultur war vor der Eroberung durch den »weißen Mann« sehr hoch entwickelt, und Räucherrituale nahmen einen wichtigen Platz im täglichen Leben ein.

Von ihrem respektvollen Umgang mit der Mutter Erde, den Pflanzen und Tieren können wir bei all unserer Wissenschaftlichkeit auch heute noch sehr viel lernen. Geräuchert wurde, um sich mit den göttlichen Energien zu verbinden, um die Ahnen anzurufen, bei Ratsversammlungen, bei Reinigungs-, Schutz- und Dankeszeremonien. Obwohl die Auswahl ihrer Räuchermittel eher bescheiden ist, sind die damit verbundenen Rituale erfüllt von einer faszinierenden Tiefe und Intensität.

In den südlichen Gebieten von Nordamerika waren auch Räuchermischungen mit Copalharz üblich, das aus Südamerika stammt. Meistens werden diese getrockneten Räucherstoffe auf glühende Steine geworfen oder in einer Tonpfeife angezündet und herumgereicht, aber auch kleine Rauchgefäße sind üblich. Aus Süßgras wird ein Zopf geflochten, den man an einem Ende entzündet und durch sanftes Ausblasen der Flamme verräuchert. Diese Technik ist für Wohnräume eher ungeeignet!

Bei der Anrufung der Ahnen, sowie bei magischen Praktiken, wird fast immer geräuchert, zusammen mit Tänzen, Gesängen und »Schwitzhüttenritualen«. Eine Schwitzhütte ist ein kleines, halbkugelförmiges Zelt, in dessen Mitte ein Loch ausgehoben ist, in welches glühende Steine gefüllt werden. Bei einem Schwitzhüttenritual verbleibt man oft stundenlang bei Gesängen und Räucherungen in dieser »Sauna«, um sich zu reinigen oder um Rat bei den Ahnen zu suchen.

Auch Tabak wurde als Räucherwerk verwendet, da er bei den südamerikanischen Indianern auf eine lange Geschichte als kultisches »Räucherkraut« zurückblickt. Tabak ist wohl das einzige Räucherwerk, das in der westlichen Kultur auch heute noch exzessiv verräuchert wird – leider meistens in Ermangelung jeglicher Kultur. Interessant mag sein, daß gerade Tabak seltener verräuchert wurde, sondern man hat ihn meistens in kleine Beutel gefüllt als Amulett getragen oder aufgehängt.

In *Südamerika,* der Heimat der Inkas und Azteken, war das Räuchern von edlen Harzen eine hochgeschätzte Tradition.

Die gebräuchlichsten Räucherwerkszutaten waren:

Copal (schwarz, weiß und gold), Copaivabalsam, Tolu, Perubalsam, eine spezielle Salbeisorte, Boldo, Tonkabohnen.

Speziell die Copalsorten galten als heiligstes Räuchermittel und wurden in allen wichtigen Zeremonien (z. B. Opferräucherungen, Einweihungen, Reinigungen, Orakelritualen, Krankheitsaustreibungen) verwendet. Für die Räucherungen wurden meist dreibeinige Terrakottaschalen benutzt, die mit Tierbildern verziert waren. Der Jaguar, als Symbolfigur der Sonne, war besonders häufig vertreten.

Afrika

Bei fast allen magischen oder medizinischen Ritualen der Medizinmänner ist es üblich zu räuchern. Welche Stoffe hierfür im einzelnen verwendet werden, ist schwer zu sagen, da die Heiler ihre Rezepturen immer streng geheimhalten und nur an ihren Nachfolger weitergeben. Sicher wissen wir nur, daß die beiden weltberühmten Harze Weihrauch (Olibanum) und Myrrhe auch in Afrika (Somalia) heimisch sind und somit für viele medizinische wie auch rituelle Zwecke verwendet wurden und immer noch werden.

Im täglichen Leben werden durch Räucherungen auch heute noch Kleidungsstücke, Wohnungen und Gebrauchsgegenstände gereinigt.

Alle wichtigen Räucherstoffe von A–Z

Die folgenden Räucherstoffe finden Sie in diesem Kapitel ausführlich beschrieben.

Alant
Aloe
Aloeholz
Ambra
Angelikawurzel
Asant
Basilikum
Bdellium
Beifuß
Benzoe
Boldo
Cannabis (Hanf)
Cassia
Copaivabalsam
Copal
Dammarharz
Drachenblut
Eichenmoos
Elemi
Eukalyptus
Galbanum
Galgant
Guajak
Gummi arabicum
Immortelle
Iriswurzel
Jambulbaum
Jasmin
Kalmus
Kamille
Kampher
Kardamom
Kiefern
Koriander
Kostuswurzel
Labdanum
Lärche
Lavendel
Lorbeer
Majoran
Mastix
Mekkabalsam
Melisse
Muskatnuß
Myrrhe
Myrte
Narde
Nelke
Opoponax
Patchouli
Perubalsam
Pfeffer
Pfefferminze
Rhododendron
Rose
Rosenholz
Rosmarin
Safran
Sage
Salbei
Sandarac
Sandelholz
Stakte
Stechapfel
Sternanis
Styrax
Süßgras
Thuja
Thymian
Tolu
Tonkabohne
Verbena
Vetiver
Wacholder
Weihrauch
Wermut
Ysop
Zeder
Zimt
Zypergras
Zypresse

Alant

Botanischer Name: Inula helenicum
Pflanzenfamilie: Asteraceae – Korbblütler

Die bis zu 130 Zentimeter hohe, ausladende Pflanze, war ursprünglich in Zentralasien heimisch. Heute können wir sie auch ganz leicht in unserem eigenen Garten kultivieren. Zum Räuchern verwendet man die getrocknete und zerkleinerte Wurzel. Alant ist eine traditionelle Räucherpflanze, die zur Austreibung von Geistern und Dämonen verwendet wurde.

Der Rauch hilft uns, negative Schwingungen in unseren Räumen und in uns selbst zu vertreiben. In der antiken Medizin wurde Alant bei Atemwegserkrankungen zur Schleimlösung und Lungenstärkung verwendet.

Aloe

Botanischer Name: Aloe succotrina
Pflanzenfamilie: Liliaceae – Liliengewächse

Von dieser Aloe ist im Neuen Testament bei Jesu Grablegung die Rede. Das gummiartige Harz wird von den fleischigen Blättern einer Lilienart gewonnen, welche auf der Insel Skrota beheimatet ist. Es hat hauptsächlich bei Salbungen eine Rolle gespielt und ist selten zum Räuchern verwendet worden.

Medizinisch wurde Aloe zur Menstruationsförderung und als starkes Abführmittel verwendet. Sein Rauch ist ziemlich beißend und bildet dicke Blasen beim Schmelzen auf der glühenden Kohle. Am besten gemischt verwenden.

Aloeholz

Botanischer Name: Aquillaria agallocha
Pflanzenfamilie: Thymelaeaceae – Seidelbastgewächse
Andere Bezeichnungen: Agaro oder Aguru, Adlerholz

Dieser Baum ist in Indonesien, Assam und Kambodscha beheimatet und wird als Duftholz erst dann geschätzt, wenn das Kernholz über mehrere Jahre von Pilzen infiziert wurde. Das Holz besitzt einen balsamischen, ambraartigen, herben und kampherigen Duft und fehlt in fast keinem teuren asiatischen Räucherwerk. Gut fermentierte Stücke werden oft auch heute noch viel teurer als Gold gehandelt. Besonders in Japan sind Räucherwerke (meist Stäbchen) mit Zusatz von Aloepulver sehr beliebt. Man nennt Aloe in Japan »Jin koh«, was unter Wasser sinkendes Räucherwerk bedeutet, weil stark duftende, speziell fermentierte Aloehölzer schwerer als Wasser sind.

Der Duft von Aloe soll unseren Geist wachsamer machen, uns in die »reinen Länder Buddhas« führen und die Aufmerksamkeit der Götter auf uns lenken. Leider ist dieser hervorragende Räucherstoff bei uns ziemlich unbekannt und nur in wenigen Räucherstäbchen hierzulande zu finden. Als Einzelstoff ist er meistens unfermentiert (leichteres Holz) zu einem hohen Preis erhältlich.

Die Ausgabe lohnt sich aber auf jeden Fall, da Aloeholz all unsere feineren seelischen Ungleichgewichtszustände auszugleichen vermag. Man sagt, es gleicht auch »Löcher in unserer Aura« aus.

Ambra

Ambra hat zwar eine wachsähnliche, harzige Konsistenz, ist aber eigentlich kein Harz. Früher wurde es aus Absonderungen aus den Därmen und dem Magen des Pottwals gewonnen. Die klumpige Masse bildet sich dort, um als Wundverschluß der Magen- und Darmschleimhaut zu dienen, wenn die scharfen Kiefer der Tintenfische bei der Verdauung Verletzungen hervorrufen.

Der durchdringende, warme, erdige, holzige und animalische Duft wurde schon viele Jahrhunderte vor Christus in Asien hochgeschätzt. Meistens wurde Ambra für magische Zwecke benutzt, da es ein Symbol für Reichtum, Glück, erotische Ausstrahlung und auch Macht war.

Das im Alten Testament beschriebene Ambra dürfte wohl eher Bernstein (der auch Ambre oder Amber heißt) oder andere erstarrte Harze von Nadelhölzern bezeichnen. Leider ist dieser Stoff sehr rar geworden, und die Pottwale werden dafür getötet, da der natürliche Vorgang des Ausspeiens von Ambra recht selten ist. Es gibt zwar heute synthetische Surrogate (z. B. Ambrox), aber deren Anwendung ist für Räucherungen nicht empfehlenswert, weil ihre Langzeitwirkung nicht überschaubar ist. Eine Duftimitation durch Vermengen einiger anderer edler Räucherstoffe ist jedoch möglich, z. B. mit Labdanum-Harz, Weihrauch-Harz, Tolu-Harz, Benzoe-Harz, Eichenmoos, Sandelholz, Patchoulikraut oder Perubalsam.

Angelikawurzel

Botanischer Name: Angelica archangelica
Pflanzenfamilie: Apiaceae – Doldenblütler
Andere Bezeichnungen: Engelwurz

Man verwendet hauptsächlich die getrockneten Wurzeln dieser Heilpflanze, aber auch die Blätter sind wirksam. Bei Räucherungen war Angelikawurzel meist beliebt, um Schwarze Magie, Kobolde oder Geister abzuwehren.

Es ist eine starke Schutzpflanze und hilft auch, unsere spirituellen Kräfte zu verstärken. Es empfiehlt sich, Angelika nur in Mischungen zu verwenden, da der Geruch ziemlich schwer, herb und heftig ist. Sehr geeignet für Gartenräucherungen, Schutzräucherungen und bei Einweihungszeremonien neu bezogener Wohnungen.

Asant

Botanischer Name: Ferula asa-foetida
Pflanzenfamilie: Apiaceae – Doldenblütler
Andere Bezeichnungen: Stinkasant, Teufelsdreck

Eine früher recht beliebte Ferula-Art neben Galbanum war der Asant. Dabei unterschied man einst wohlriechende und übelriechende Sorten. Die Asantarten mit feinem Duft gibt es schon seit Jahrhunderten nicht mehr im Handel, während die weniger gut riechenden (zwiebel- und knoblauchartig) Sorten auch heute noch unter dem Namen Teufelsdreck bekannt sind, da selbst der Teufel diesen Geruch meidet.

Eingesetzt wurden Asanträucherungen als Nervenmittel und zum Krampflösen, bei exorzistischen Geister- oder Teufelsaustreibungen und zum Reinigen. In den Heimatländern des Asant wird das Gummiharz auch heute noch als Gewürz gegen Blähungen und Darmträgheit eingesetzt.

Sein Räucherduft ist sehr heftig und extrem.

Basilikum

Botanischer Name: Ocimum basilicum
Pflanzenfamilie: Labiateae – Lippenblütler

Eine bestimmte Basilikumart gilt in Indien sogar als heilige Pflanze.

Beim Räuchern wirkt Basilikum aufbauend, positivierend und klärt unsere Gedanken. Es wurde traditionell zum Reinigen, als Schutz und für Geisteraustreibungen verwendet.

Bdellium

Botanischer Name: Commiphora mukul, Commiphora africana
Pflanzenfamilie: Burseraceae – Balsambaumgewächse

Dieses Harz unterscheidet man in afrikanisches und indisches Bdellium. In der traditionellen indischen Medizin (der Ayurvedik) war es ein geschätztes Heilmittel und wurde gaggula genannt. Manchmal bezeichnet man indisches Bdellium auch als »falsche Myrrhe«.

Es hat einen stärkenden, erdenden und zugleich klärenden Effekt, ist aber hierzulande leider nicht leicht erhältlich. Geruchlich ähnelt es beim Räuchern der Myrrhe, entwickelt also einen schweren, herben, harzigen, warmen Duft.

Beifuß

Botanischer Name: Artemisia vulgaris
Pflanzenfamilie: Asteraceae – Korbblütler

Die Pflanze findet sich in fast allen Ländern der Welt und wird bis zu zwei Meter hoch. Beifuß gilt als eine der ältesten

Heil- und Räucherpflanzen der Welt. Bei den Chinesen wird er für die Herstellung von Moxa-Stäbchen verwendet.

Beifuß ist bei Totenzeremonien und zur Abwehr von negativen Einflüssen sehr beliebt. Man sagte früher, daß sogar der Teufel Beifuß fürchtet. Beifußräucherungen stärken unsere Selbstheilungskräfte. Das getrocknete Kraut wirkt beim Räuchern stärkend auf die Manneskraft und verstärkt sexuelles Verlangen.

Benzoe

Botanischer Name: Styrax tonkinensis (Benzoe Siam aus Laos oder Tonkin), Styrax benzoin (Benzoe Sumatra)
Pflanzenfamilie: Styraceae – Styraxgewächse

Benzoe gibt es in zwei verschiedenen Arten. Die eine stammt aus Siam und gilt als edleres, süßeres und stärkeres Harz (mit gelblicher Farbe), während die andere aus Sumatra (mit graubrauner Farbe) stammt und etwas herber und milder duftet.

Beide Sorten enthalten den Riechstoff Vanillin. Wenn wir seelische Verletzungen haben, ist Benzoe ein sehr gutes Räuchermittel. Der süßliche, einhüllende Duft wird für Reinigungs-, Schutz-, Liebes-, Anrufungs- und Segnungszeremonien gerne verwendet und hilft uns auf sanfte Weise, unseren Geist zu entwickeln. In Besinnungszeremonien ist es empfehlenswert, Benzoe mit anderen Stoffen zu vermischen, da es allein verwendet anfangs einen ziemlich beißenden Rauch entfaltet, der nur relativ kurz auf Kohle verdampft. Das danach verbleibende Aroma ist aber fein und vanillig.

Boldo

Botanischer Name: Peumus boldus Mol.
Pflanzenfamilie: Monimiaceae – Monimiagewächse

Der auch Boldu genannte immergrüne Baum wird nur etwa sechs Meter hoch und stammt aus den chilenischen Anden.

Als Heilkraut ist diese Pflanze den Indianern seit Urzeiten bekannt und wurde als Tinktur bei Rheuma, Gicht, Leber- und Verdauungsproblemen angewendet. Sogar bei Zahn- oder Ohrenschmerzen wurden die ledrigen Blätter des Boldobaums verwendet.

Beim Räuchern verwenden wir die getrockneten und zerkleinerten Blätter, die dann einen frischen, würzigen und leicht fruchtigen Duft verströmen.

Boldoblätter wirken reinigend, ausgleichend und klärend auf unsere Psyche. Deshalb kann man sie bei Streß, Unsicherheit und innerer Unruhe einsetzen.

Cannabis (Hanf)

Botanischer Name: Cannabis sativa, Cannabis indica
Pflanzenfamilie: Moraceae – Maulbeerbaumgewächse

Von der ein bis sechs Meter hohen Pflanze werden die weiblichen Blütenstände geerntet. Es mag vielleicht unpopulär sein, diese Rauschdroge hier unter den Räuchermitteln zu erwähnen, doch ist sie wahrscheinlich die älteste vom Menschen für Räucherzwecke verwendete Pflanze. Aus alten chinesischen Berichten geht hervor, daß Cannabis schon vor mehr als 5000 Jahren zum Räuchern verwendet wurde. Hanf ist die älteste Kulturpflanze des Menschen, und deren Räucheranwendung in Zeremonien ist uns aus den verschiedensten Kulturen seit Urzeiten bekannt.

Man verwendete Hanf unter anderem, um in die Zukunft sehen zu können, um mit Verstorbenen zu sprechen, aber auch bei Schlafstörungen und Migräne oder um mit dem höheren Selbst in Kontakt zu kommen.

Das häufige Anwenden dieses Stoffes ist auf keinen Fall ratsam, da er unsere Willenskraft schwächt.

Cassia

Botanischer Name: Cinnamomum cassia
Pflanzenfamilie: Lauraceae – Lorbeergewächse
Andere Bezeichnung: Chinazimt

Der immergrüne Cassiabaum wächst vorwiegend in China und im südostasiatischen Raum. Man verwendet getrocknete Stengel, Zweige, Rinde, aber auch die Blätter. Der Duft ist nicht ganz so warm und einhüllend wie beim Ceylonzimt, geht aber in diese Richtung.

Beim Räuchern wirkt Cassia entspannend und wärmend und hilft uns, sich in dieser Welt geborgen und sicher zu fühlen. Er soll auch Glück und Erfolg anziehen, unterstützt das Öffnen unseres Herzens und wirkt aphrodisierend. Nebenbei vertreibt eine Räucherung mit Cassia die störenden Insekten.

Copaivabalsam

Botanischer Name: Copaivae balsamum
Pflanzenfamilie: Fabaceae – Schmetterlingsblütler

Der 10 bis 20 Meter hohe Baum, aus dessen Stämmen der flüssige Balsam gewonnen wird, wächst im tropischen Südamerika (Brasilien, Venezuela, Kolumbien). Auffallend sind hier die besonders großen Harzkanäle (bis zu zwei Zentimeter Durchmesser).

Medizinisch wurde er hauptsächlich zur Desinfektion der Atemwege und zum Schleimlösen verwendet. Man war auch der Auffassung, daß Copaivabalsam anregend auf unsere Sexualorgane wirkt. So können wir ihn sehr gut bei Liebesritualen wie auch bei der Reinigungszeremonie und zum Raumluftverbessern verwenden.

Da er fast immer flüssig ist, empfiehlt es sich, diesen Balsam mit Sandelholzpulver oder Zimtpulver einzudicken. Sein Duft ist harzig, leicht vanillig und eher frisch.

Copal

Botanischer Name: Protium copal
Pflanzenfamilie: Fabaceae – Schmetterlingsblütler

Sein Räucherduft ist sehr frisch und harzig. Man nahm früher an, daß dieses Harz aus Bäumen der Burseraceae stammt, was aber nach neuen Erkenntnissen nicht zutreffend ist. Es wird in Mexiko, Ostindien, Madagaskar und Afrika gewonnen. Copal wird fast ausschließlich für Räucherzwecke verwendet. Es soll herzöffnend und geistig klärend wirken und wurde in Südamerika anstelle von Weihrauch als besonders edle Räucherzutat gebraucht. Es gibt 3 Sorten: den Gold-Copal, der eine hellgelbe, klare Farbe hat, den schwarzen Copal mit dunkelbrauner Farbe und den weißen Copal, der weißlich oder auch leicht gelb aussieht.

Der schwarze Copal ist am teuersten, er hat einen würzigen, schweren, balsamischen Duft und wirkt tief in unserer Seele. Der Gold-Copal ist milder, dezenter und leichter im Rauch und wird gut für Besinnungszeremonien oder zum Aufbauen bei Niedergeschlagenheit oder Krankheiten verwendet. Weißer Copal riecht beim Räuchern frisch und klar harzig und ist am besten bei Reinigungsräucherungen, Opferräucherungen und Schutzräucherungen einzusetzen.

Dammarharz

Botanischer Name: Canarium striotum, Shorea wiesneri, Canarium prostratum Schiffen
Pflanzenfamilie: Dipterocarpaceae – Zweiflügelfruchtgewächse

Die zur Harz-Gewinnung verwendeten Bäume bilden in Indien und Südostasien ganze Wälder, und es gibt verschiedene Unterarten. Das Dammarharz gibt es in Asien in unterschiedlichsten Qualitäten und unter verschiedenen Bezeichnungen. Leider ist dieser Räucherstoff bei uns sehr schwer erhältlich.

Traditionell wird es als Reinigungs- und Schutzräucherung verwendet. In der Parfümerie wird Dammar als Fixativ eingesetzt. Es entwickelt einen harzig-frischen Duft beim Räuchern und wirkt klärend auf unseren Geist.

Drachenblut

Botanischer Name: Daemenorops draco Bl.
Pflanzenfamilie: Araceae palmae – Palmengewächse
Andere Bezeichnungen: Rotangharzbaum (Dracaena cinnabari Balf)

Drachenblut ist ein recht kraftvolles Harz, welches meistens nur in Mischungen verwendet wird. Es ist schwer erhältlich, ziemlich teuer und kann in Schutzzeremonien, zur Reinigung und zum Erhöhen der inneren Kräfte verwendet werden. Das dunkelrote Harz wird aus den Früchten der in Afrika, Asien und Australien vorkommenden Palme gewonnen. In der Medizin wurde es als schleimlösendes Mittel, gegen starken Schweiß, Durchfall und zur Behandlung von Wunden eingesetzt. Sein Duft ist würzig, harzig und recht intensiv. Am besten in Mischungen zu verwenden.

Eichenmoos

Botanischer Name: Evernia prunastri
Pflanzenfamilie: Parmeliaceae – Laubflechten

Dieses Moos wächst auf verschiedenen heimischen Bäumen und hat einen erdigen, leicht teerigen, warmen Duft beim Räuchern. Am besten verwendet man die zerkleinerten Teile in Mischungen, da der Duft und seine Wirkung alleine sehr intensiv sind.

Eichenmoos hat eine auflösende Wirkung auf vergangene, unangenehme Erlebnisse. Es hilft uns, mit allen seelischen Narben besser fertig zu werden, und gibt uns Sicherheit und Selbstvertrauen. Es kann auch sehr gut bei Räucherungen für Verstorbene eingesetzt werden oder bei Zeremonien, in denen wir uns die Vergänglichkeit des Lebens bewußt machen wollen.

Elemi

Botanischer Name: Canarium luzonicum Gray
Pflanzenfamilie: Burseraceae – Balsambaumgewächse

Es gibt sehr viele Elemisorten, die nur schwer zu systematisieren sind. Elemi riecht je nach Sorte und Qualität fenchelartig bis zitronig und ist dem harzigen Duft des frischen Weihrauchs ähnlich. Die Bäume werden 15 bis 35 Meter hoch und erreichen einen Durchmesser von bis zu einem Meter. Sie wachsen vorwiegend auf den Molukken, Philippinen und im tropischen asiatischen Raum.

Elemi wird als energetischer, klärender Zustand in vielen traditionellen Räuchermischungen beschrieben. Es soll die Chakren aktivieren und Hellsichtigkeit fördern. Es ist auch als Einzelstoff sehr gut, um einem träge gewordenen Geist neue Impulse zu vermitteln.

Medizinisch wurde Elemi einst bei Geschwüren eingesetzt. Meistens wird es als Paste angeboten und wirkt erfrischend und klärend.

Am besten mit Sandelholz- oder Jambulrindenpulver mischen, da es sonst recht klebrig ist.

Eukalyptus

Botanischer Name: Eucalyptus globulus
Pflanzenfamilie: Myrtaceae – Myrtengewächse

Wird beim Räuchern zum Schutz vor Geisteskrankheiten, zum Klären der Gedanken und gegen böse Geister verwendet. Entwickelt einen ziemlich medizinischen Geruch beim Räuchern, ist aber sehr gut bei Atemübungen und für Anrufungen zu verwenden, da er die Raumluft reinigt und energetisiert.

Fichte (siehe Kiefern)

Galbanum

Botanischer Name: Ferula rubri caulis Boissier, Ferula gummosa Boissier, Ferula galbaniflua Boiss, et. Buhse
Pflanzenfamilie: Apiaceae (Umbelliferae) – Doldenblütler
Andere Bezeichnungen: Mutterharz

Das an der Luft rasch trocknende Gummiharz wird aus dem weißen Milchsaft gewonnen, der beim Anritzen der Wurzeln herausfließt. Man unterscheidet zwei Arten von Galbanum: Das weiche oder levantinische Galbanum, welches meist aus Afghanistan kommt und einen etwas dezenteren Duft hat, und das harte persische Galbanum, welches selten zum Räuchern verwendet wird und sich beim Verräuchern kräftig grün, holzig, balsamisch und oft unangenehm beißend bis scharf entwickelt. In kleinen Mengen einer Räuchermischung beigefügt, erhöht es die Räucherungsdauer und die Intensität der Räucherung. Schon im Buch Mose (2. Buch, Kap. 30,34) wird Galbanum als Zutat für die Räucherung zu Jehovas Ehren neben Weihrauch, Styrax und Balsam aufgeführt. Der spanische Arzt Dioskurides (50 n. Chr.) war der Ansicht, daß der Rauch giftige Bestien vertreibe.

In der medizinischen Anwendung wurde es bei Katarrhen, Menstruationsbeschwerden und bei Rheuma eingesetzt. Galbanum als Räucherung wirkt erdend, stärkend und beruhigend bei Ängsten. Bei seelischen Verdichtungen (Komplexen, Narben) wirkt es lösend und entkrampfend.

Galgant

Botanischer Name: Alpinia officinarum Hance
Pflanzenfamilie: Zingiberaceae – Ingwergewächse

Diese Pflanze wächst in den südlichen Himalajagebieten und wird bis zu zwei Meter hoch. Beim Räuchern werden die getrockneten Wurzelknollen verwendet, die dabei einen krautigen, scharfen und frischen Duft verströmen.

Galgant wurde gerne in ayurvedischen Räuchermischungen eingesetzt und als Heilmittel schon in der Antike hochgeschätzt.

Eine Räucherung mit Galgant hilft uns, wenn wir unsere Motive und unsere Beziehungen zu unserer Umwelt hinterfragen wollen. Er reinigt und erbaut unser Herz und wird dann am besten mit Weihrauch, Myrrhe, Mastix oder Kampfer gemischt.

Guajak

Botanischer Name: Guajacum officinale, Guajacum sanctum, Guajacum palermi
Pflanzenfamilie: Zygophyllaceae – Jochblattgewächse

Der bis zu 13 Meter hohe, immergrüne Baum wächst in Südamerika und wird dort traditionell als Medizin- und Ritualpflanze verwendet. Bei Impotenz, Erkältungen, Atemwegserkrankungen und Verdauungsproblemen wird es auch heute noch von den Indianern verwendet. In der Räucherung entfaltet Guajak einen leicht holzigen, süßlichen, würzigen Duft, der uns von unseren Ängsten, Sorgen und Ärgernissen emporhebt auf eine heitere, positive Ebene. Sehr gut auch für Anrufungsräucherungen oder Besinnungsräucherungen.

Gummi arabicum

Botanischer Name: Acacia arabica
Pflanzenfamilie: Mimosaceae – Mimosengewächse

Gummi arabicum ist der klebrige Pflanzenschleim, der durch Einritzen in die Rinde einer baumartigen Akazienart gewonnen wird. Das traditionelle Anbauland war Nubien. Es galt als ein beliebtes Fixier- und Klebemittel für Räucherwerke und wurde schon zu Zeiten der Ägypter im Tempel der Pharaonin Hatschepsut (ca. 1482 v. Chr.) als »Gummi aus Punt« verehrt. Der Name Punt stand im alten Ägypten für göttlichen Wohlgeruch. Punt war einst einer der wichtigsten Handelshäfen für Räucherwerke.

Gummi arabicum wurde gerne zum Strecken von teuren Myrrhesorten eingesetzt. Bei der Räucherung macht es uns feinfühlig, schützt uns vor negativen Einflüssen und klärt die Atmosphäre.

Medizinisch wurde es hauptsächlich zur Behandlung von Zahnfleisch-, Mund- und Rachenentzündungen angewendet und als Klebstoff für Pillen. Als Kaugummi war Gummi arabicum deshalb schon bei den alten Ägyptern beliebt. Am besten nur in Mischungen verwenden, da es alleine verräuchert nicht sehr fein riecht.

Immortelle

Botanischer Name: Helichrysum italicum, Helichrysum angustifolium
Pflanzenfamilie: Asteraceae – Korbblütler
Andere Bezeichnungen: Unsterblichkeitskraut

Diese Pflanze nennt man Immortelle, weil sie sich beim Trocknen nicht wesentlich verändert. Sie wird speziell bei Menschen verwendet, die sich geistig in eine Sackgasse bewegt haben. Immortelle hat eine starke erdende Wirkung, regt uns an weiterzugehen und konfrontiert uns mit der großen Frage von »Leben und Tod«. Sie sollte nur in Mischungen verwendet werden, da die Wirkung auf sensible Menschen sonst zu stark sein kann. Immortelle wird in okkulten Schulen und bei Einweihungszeremonien verwendet.

Iriswurzel

Botanischer Name: Iris germanica var. Iris florentia
Pflanzenfamilie: Iridaceae – Schwertliliengewächse

Das Räuchermittel wird aus der zerstoßenen, getrockneten Schwertlilienwurzel gewonnen. Die Blüten sind weißlich bis violett. Heimisch ist diese Pflanze in Südeuropa, sie wird heute auch in Rußland und Afrika kultiviert. Da man sie oft zahnenden Kindern zum Kauen gibt, ist Iriswurzel relativ leicht und günstig zu besorgen, im Gegensatz zum ätherischen Öl, welches als einer der teuersten Duftstoffe der Welt gehandelt wird.

Beim Räuchern hilft Iris seelische Blockaden aufzulösen, reinigt und harmonisiert unsere Aura; sie wird auch gerne für erotische Liebesräucherungen verwendet, da der Duft das andere Geschlecht magisch anziehen soll.

Jambulbaum, Jambulrinde

Botanischer Name: Syzygium jambulana, Eugenia jambulana
Pflanzenfamilie: Myrtyceae – Myrtengewächse

Der bis zu 15 Meter hoch werdende Baum wächst in Malaysia, Westindien und auf Mauritius. Medizinisch wurde Jambulrinde bei Durchfall angewendet. Der Räucherduft ist holzig, würzig, herb und warm. Die dabei verwendete getrocknete Rinde wird in verschiedenen buddhistischen Räuchermischungen verwendet. Sie hat eine reinigende und klärende Wirkung auf die Atmosphäre und auf uns.

Jambulrinde hilft uns, mit unserem oft verschütteten inneren Wesen wieder in Kontakt zu kommen. Gut für Anrufungs-, Besinnungs-, Opfer- und Liebesräucherrituale.

Jambulrinde ist auch bei uns erhältlich und läßt sich gut mit Sandelholz, Zimt, Nelke, Kampfer oder Aloeholz mischen. Am besten als vermahlenes Pulver verwenden.

Jasmin

Botanischer Name: Jasminum grandiflorum
Pflanzenfamilie: Oleaceae – Oleandergewächse

Als getrocknete Blüte entfaltet der Jasmin keine interessante Duftnote. Jasmin steht für sinnliche Erotik, aber auch für Segnung, Glück und geistigen Schutz und soll spirituelle Liebe anziehen. Am besten fein vermahlen und mit anderen Blüten vermischt verwenden. Wer den richtigen Jasminduft schätzt, sollte bei Liebesräucherungen auf 2 Teelöffel Sandelholzpulver 3 bis 6 Tropfen reines ätherisches Jasminöl träufeln, gut vermengen und prisenweise auf Kohle verräuchern. Den Rest in einem gut verschlossenen Glasbehälter aufbewahren.

Kalmus

Botanischer Name: Acorus calamus
Pflanzenfamilie: Araceae – Aronstabgewächse
Andere Bezeichnungen: Ackerwurz, Deutscher Ingwer, Magenwurz

Verwendet wird die pulverisierte Wurzel. Kalmus wächst in sumpfigen, sehr feuchten Gegenden und bildet verzweigte, bis zu drei Zentimeter dicke Wurzelstöcke. Eigentlich ist Kalmus bei uns nicht heimisch, er wurde erst etwa im Jahre 1560 eingebürgert. Er fand als Räuchermittel schon viele Jahrhunderte vor Christi Geburt reichlich Verwendung.

Beim Räuchern wirkt er sensibilisierend auf unser Bewußtsein und hilft unsere geistige Wahrnehmung zu schärfen. Er wird auch für Glücks-, Besinnungs-, Anrufungs- und Erfolgsrituale angewendet. In Ägypten wurde Kalmus auch zur Raumreinigung verräuchert.

Kamille

Botanischer Name: Anthemis nobilis (Römische Kamille), Chamomilla recutita matricaria (Deutsche Kamille)
Pflanzenfamilie: Asteraceae – Korbblütler
Hier werden die Blüten verwendet. Sie vermitteln uns bei der Räucherung Ruhe und Ausgeglichenheit. Empfehlenswert, wenn Ärger oder Trauer unseren Geist verdunkeln. Kamille wird auch bei Segnungszeremonien und bei Gebeten um finanziellen Erfolg verräuchert.

Kampfer

Botanischer Name: Cinnamomum camphora
Pflanzenfamilie: Lauraceae – Lorbeergewächse

Ursprünglich war der Kampherbaum in Südchina, Taiwan und Südjapan beheimatet, wird aber heute auch erfolgreich in Sri Lanka und Ostafrika kultiviert. Er wird bis zu 40 Meter hoch und 5 Meter dick. Man kann Holzteile verwenden oder das weiche, kristallisierte ätherische Öl, das durch Destillation der zerkleinerten Bäume gewonnen wird.

Beim Räuchern belebt, klärt und aktiviert Kampher unser Bewußtsein und gibt Kraft. Er soll dämpfend auf den Sexualtrieb wirken und wird deshalb gerne in buddhistischen Klosterräucherstäbchen mitverwendet.

Kardamom

Botanischer Name: Elettaria cardamommum
Pflanzenfamilie: Zingiberaceae – Ingwergewächse

Die bis zu vier Meter hoch wachsende Staude wird heute auf Java, Ceylon, im südwestlichen Vorderindien und anderen

Tropengebieten kultiviert. Verräuchert werden die – am besten zerkleinert – getrockneten Fruchtknoten.

Kardamom wird medizinisch meist gegen Blähungen, Magenbeschwerden und zur Appetitanregung verwendet.

Beim Räuchern entsteht ein warmer, angenehm würziger Duft, der uns entkrampft und zugleich in exotische Welten entführt. Er war schon im antiken Ägypten als Räuchermittel gebräuchlich. Auch in Indien wird er gerne in Räuchermischungen verwendet. Kardamom soll negative Gedanken zerstreuen und uns Mut machen, zu neuen geistigen Welten aufzubrechen.

Kiefern, Pinien, Fichten

Botanischer Name: Abies alba, Abies sibrica, Abies grandis, Pinus cembra, Pinus silvestris, Pinus mugho
Pflanzenfamilie: Pinaceae – Kieferngewächse

Die pulverisierten Rinden dieser Nadelbäume eignen sich hervorragend für milde Räuchermischungen. In Japan wird ein wenig davon in allen Räucherstäbchen zu finden sein.

Beim Räuchern wirken diese Hölzer raumreinigend, klärend und beruhigend auf den Geist und verleihen uns Mut, Kraft und Ausdauer. Im Freien sehr gut für Naturräucherungen geeignet oder für Mischungen mit anderen Räucherstoffen.

Koriander

Botanischer Name: Coriandrum sativum
Pflanzenfamilie: Apiaceae – Doldenblütler

Ursprünglich war dieses ca. 50 Zentimeter hoch wachsende Kraut in Nordafrika und Vorderasien beheimatet. Heute wird es auch in Ägypten, China, Indien, Japan, Marokko, Nordamerika und Rumänien gezogen. Hauptsächlich als blähungswidriges Gewürz bekannt, ist Koriander auch beim Räuchern nicht uninteressant. Wir verwenden dafür nur die ausgereiften getrockneten Früchte, da unreife Früchte oder Krautteile einen penetranten Wanzengeruch verbreiten (Koriander bedeutet im griechischen Bettwanze).

Kostuswurzel

Botanischer Name: Sassurea lappa Clarke, Aphotaxis lappa
Pflanzenfamilie: Asteraceae – Korbblütler

Diese wild wachsende Wurzel wird am Fuße des Himalaja gefunden. Der Geruch ist holzig, schwer, erdig und etwas animalisch.

Kostus gibt uns beim Räuchern eine erotische, sinnliche und magnetische Ausstrahlung. Sie war für Räucherungen bei den Arabern, den Chinesen und den Indern schon im Altertum bekannt. Gut in Liebes-, Anrufungs- und Besinnungsräucherungen.

Labdanum

Botanischer Name: Cistus ladaniferus
Pflanzenfamilie: Cistaceae – Cistrosengewächse
Andere Bezeichnungen: Harz der Cistrose

An seinen Blättern und Zweigen schwitzt dieser kleine, ca. 30 Zentimeter hohe Strauch über Drüsenhaare eine harzige Masse aus, die in der Antike eine der begehrtesten Räucherzutaten war. Die Cistrose finden wir im ganzen Mittelmeerraum, z. B. Griechenland, Südfrankreich, Spanien und Portugal, aber auch in Zypern. Geerntet wurde Labdanum, indem man Ziegen oder Schafe durch die Citrosensträucher trieb und das Harz, das an ihren Haaren haften geblieben war, abschabte. Das Labdanumharz wurde auch zum Einbalsamieren verwendet.

Der Duft beim Räuchern ist holzig, krautig, warm, balsamisch und erinnert an Ambra. Labdanum wird auch in Kirchenkräutermischungen verwendet, und im 14. Jahrhundert wurde in Europa eine Räuchermischung aus Labdanum, Styrax, Tragant und Kalmus bekannt unter der Bezeichnung »Chypre« (bedeutet »Zypern«). Dieses »Chypre« wurde in späteren Jahrhunderten in verschiedenen Varianten einer der berühmtesten Duftkomplexe der Parfümerie (z. B. im »klassischen Chypre« von Coty).

Das Labdanumharz gilt beim Räuchern als wärmend, reinigend und erdend. Es hilft Menschen, deren Seele zu wenig Wärme besitzt und die auf ihrem geistigen Weg unsicher sind. Medizinisch wurde es zur Wundbehandlung, bei Hauterkrankungen, Menstruationsproblemen, Haarausfall, Schmerzen und Atmungsbeschwerden eingesetzt.

Lärche

Botanischer Name: Larix decidua
Pflanzenfamilie: Pinaceae – Kieferngewächse

Die Lärche ist auch in unseren Breiten heimisch und zeichnet sich dadurch aus, daß sie im Herbst ihre Nadeln verliert. Ihre zierlich angeordneten Nadeln wirken auf den ausladenden dünnen Ästen frisch und heiter.

Beim Räuchern entwickelt sich ein leicht harziger, frischer Duft, der eine erheiternde, klärende und schützende Wirkung auf uns und unsere Umgebung hat. Leider ist Lärchenharz recht schwierig zu besorgen, aber wir können auch das geraspelte Holz eines Baumes in unserer Umgebung verwenden.

Lavendel

Botanischer Name: Lavandula officinalis, Lavandula hybrida
Pflanzenfamilie: Labiatae – Lippenblütler

Der Name Lavendel ist abgeleitet aus dem lateinischen »lavare« (= waschen, reinigen). In Räucherungen wirkt Lavendel stark desinfizierend und klärend, hilft uns aber auch, uns demütig wieder der Einfachheit im Leben zuzuwenden. In unseren Beziehungen zu anderen Menschen kann er Frieden stiften und unsere Gefühle besänftigen. Lavendel kann auch gut alleine verräuchert werden.

Lorbeer

Botanischer Name: Laurus nobilis
Pflanzenfamilie: Lauraceae – Lorbeergewächse

Symbolisch steht Lorbeer für Ehre und Ruhm, wird aber beim Räuchern zum Entwickeln der spirituellen Fähigkeiten verwendet und hilft gegen negative Gedanken und Einflüsse von außen. Der Rauch ist ziemlich beißend, da Lorbeerblätter bis zu 30 Prozent fettes Öl enthalten. Man verwendete ihn früher gerne bei Orakelsprüchen.

Majoran

Botanischer Name: Origanum majorana
Pflanzenfamilie: Labiatae – Lippenblütler

Majoran gilt als eine der ältesten Kulturpflanzen des Menschen und wurde schon in biblischen Zeiten für Räucheropfer verwendet. Es wird sogar angenommen, daß es sich bei dem in der Bibel zum Reinigen empfohlenen Ysop um Majoran gehandelt hat.

Beim Räuchern gibt er uns Kraft und Mut, bringt uns verausgabte Energien zurück und wirkt stark reinigend für unseren Astralkörper.

Mastix

Botanischer Name: Pistacia lentiscus L.
Pflanzenfamilie: Anacardiaceae – Sumachgewächse

Der bis zu fünf Meter hohe Baum hat immergrüne, federförmige Blätter und in Trauben zusammenstehende rote Blüten. Mastix wächst im südlichen Mittelmeerraum, auf den Kanarischen Inseln und in Nordafrika. Das griechische Wort »mastiche« bedeutet Pinienharz. In Griechenland ist dieser Harzbaum auf der Insel Chios beheimatet und wird dort auch noch heute angepflanzt.

Der Duft des Harzes ist angenehm zitronig frisch und wird beim Räuchern zum Erwecken des »zweiten Gesichts« verwendet. Der Rauch stärkt unsere geistigen Kräfte, er verfeinert und klärt unsere Ausstrahlung. Mastix wurde früher als Räucherzutat sehr geschätzt und war sogar Bestandteil der berühmten altägyptischen Kyphi-Mischung. In der traditionellen Medizin wurde das Harz als Wundpflaster, als Mundwasser und als desodorierender und zahnfleischstärkender Kaugummi häufig gebraucht. Auch als Klebemittel, bei der Lackherstellung sowie in der Lebensmittelindustrie findet Mastix auch heute noch Verwendung. Leider ist gutes Mastixharz recht teuer.

Mekkabalsam

Botanischer Name: Commiphora opobalsamum
Pflanzenfamilie: Burseraceae – Balsambaumgewächse
Andere Bezeichnungen: Arabischer Balsam, Balsam

Im Altertum war Mekkabalsam hochberühmt. Das Harz dieses kleinen, immergrünen, dornlosen Baumes aus den Küstenregionen des Roten Meeres wurde häufig mit Myrrhenharz verwechselt. Wahrscheinlich war er der Namensvater aller später beschriebenen Balsame. Der nach dem Einritzen der Rinde austretende Balsam ist erst gelblich und verfärbt sich mit der Zeit ins Rötliche. Da im Altertum eines der wichtigsten Anbaugebiete die Berge um Mekka waren, erhielt er den Namen Mekkabalsam.

Sein Duft ist zitronig, krautig und erinnert etwas an Rosmarin, aber leider soll es heute kaum noch unverfälschten Mekkabalsam auf dem Markt geben. Dieser Balsam galt einst neben Myrrhe und Weihrauch als eines der wertvollsten Räuchermittel und war für die Salböle der Könige unentbehrlich. So wurde er häufig als wertvolles Gastgeschenk weitergereicht.

Melisse

Botanischer Name: Melissa officinalis
Pflanzenfamilie: Labiatae – Lippenblütler

Man kann das getrocknete Kraut gut für Schutzräucherungen gegen negative Einflüsse verwenden. Melisse hilft auch, materielle Wünsche zu erfüllen, stärkt unsere Abwehrkräfte und bringt uns mit neuen Freunden zusammen. Leider geht der zarte, frisch-zitrusartige Duft beim Räuchern fast gänzlich verloren.

Muskatnuß

Botanischer Name: Myristica fragrans
Pflanzenfamilie: Myrysticaceae – Muskatnußgewächse

Der auf den Molukken heimische Muskatnußbaum wird heute in fast allen tropischen Gebieten kultiviert. Er wird 10 bis 20 Meter hoch und besitzt angenehm duftende Blüten. Zum Räuchern verwendet man meistens die getrockneten und zerstoßenen Samen.

Okkulten Schulen gemäß ist Muskatnuß ein guter Schutz gegen böse Geister und negative Gedanken und bringt uns Glück; sie kann aber auch zum Wahrsagen und für Kontaktaufnahmen mit Verstorbenen verwendet werden.

Myrrhe

Botanischer Name: Commiphora myrrha (Somalia)
Pflanzenfamilie: Burseraceae – Balsambaumgewächse

Man vertritt heute die Auffassung, daß die in Somalia wachsende Myrrhe als die Stammpflanze der echten Myrrhe anzusehen ist. Sie wird nur ca. drei Meter hoch und ist recht spärlich mit kleinen, meist gedrehten Blättern besetzt. Es gibt unzählige Unterarten von Myrrhe. So alt und bekannt diese Heilpflanze in ihrer Anwendung durch die Menschen ist, so wenig wissen wir über sie. Zahlreiche Übersetzungsfehler und botanische Irrtümer haben hier in den letzten Jahrhunderten eine Menge Verwirrung gestiftet. Sicher ist, daß man die verschiedensten Commiphora-Arten immer wieder auch als Myrrhe bezeichnete. Oftmals wurden und werden verschiedene Harze miteinander verschnitten, um ein billiges Endprodukt zu erhalten.

Der Name Myrrhe stammt aus dem Arabischen: »Murr«

bedeutet soviel wie bitter und bezeichnet den bitteren Geschmack von Myrrhe.

Von allen bekannten Räucherharzen ist Myrrhe neben Weihrauch wohl eines der bekanntesten. Sie wird im Alten wie auch im Neuen Testament erwähnt und im Gilgamesch-Epos (1200 v. Chr.), wo sich der Held Utnapischti für die Rettung aus der Sintflut durch ein Räucheropfer von Myrrhe und Zedernholz bei den Göttern bedankte. Man hat sie schon vor mehr als 2500 Jahren in allen Teilen der Alten Welt (von China als »ma-yoh« über Indien als »bol« und »antice«) gekannt und als Räuchermittel und Medizin verwendet. In alten Zeiten galt Myrrhe als sehr erotischer Duft.

Bei Räucherungen ist Myrrhe hervorragend geeignet, die geistige, die seelische und die materielle Welt miteinander in Harmonie zu bringen. Sie hat eine stark reinigende Wirkung und gibt uns Kraft, Optimismus und eine geerdete innere Ruhe. Durch ihren reinigenden Duft werden unsere Sorgen zerstreut und unsere Gefühle besänftigt. In okkulten Schulen wird Myrrhe als Räucherung für Meditation, Schutz, Heilung und Segnung verwendet. Speziell für übersensible Menschen sehr zu empfehlen. Leider wird der Duft heute nicht mehr von vielen Menschen geschätzt.

Medizinisch ist Myrrhe bei Zahnfleischentzündungen, bei Bronchitis, bei Geschwüren wie auch bei Hautproblemen sehr effektiv. Myrrhe in Wein galt in der Antike als Narkotikum bei Operationen.

Myrte

Botanischer Name: Myrtus communis
Pflanzenfamilie: Myrtaceae – Myrtengewächse

Die Myrte steht als Symbol in der Bibel für unschuldige Reinheit, Friede, Edelmut und Freude. Zum Räuchern werden die getrockneten Blätter verwendet, die unseren Geist klar und empfindsam machen sollen. Ihr frischer, würziger Duft stärkt auch unsere Achtsamkeit.

In Indien wird für Räucherungen gern ein Myrtengewächs mit angenehm würzigem, rosigem und zimtigem Duft verwendet. In der ayurvedischen Medizin wird »Jammum« (Eugenia jambolana lamb.) schon seit langem für seine entspannende und öffnende Wirkung geschätzt. Siehe auch Jambulbaum.

Narde

Botanischer Name: Nardostachys jatamansi
Pflanzenfamilie: Valerianaceae – Baldriangewächse
Andere Bezeichnungen: Spikenarde

Man kennt diese Pflanze aus den Hochgebirgen Indiens und Chinas, wo sie in Höhen von 3000 bis 5000 Metern wächst. Verwendet wird die zerkleinerte und getrocknete Wurzel, die einen herben, erdigen und etwas modrigen Geruch besitzt. Besonders in Indien und China wird die Narde von Buddhisten als Räucherzutat sehr geschätzt.

Beim Räuchern unterstützt der Duft die Erweiterung unseres Bewußtseins und verhindert zugleich, daß wir uns in der geistigen Sphäre verlieren. Narde regt an, beruhigt und kräftigt. Eines der faszinierendsten alten Räuchermittel.

Nelke (Gewürznelke)

Botanischer Name: Syzigium aromaticum
Pflanzenfamilie: Myrtaceae – Myrtengewächse

Am besten sind die getrockneten Blütenknospen zu verwenden, es ist aber auch möglich, die Nelkenblätter zu verräuchern. Nelke gilt als Aphrodisiakum, sie regt unsere Sinnestätigkeit an, vertreibt negative Schwingungen, Gedanken und Gefühle. Beim Räuchern wirkt sie auch stark desinfizierend und hält Insekten fern. Deshalb wurden Gewürznelken gerne in Asien bei Räucherungen mitverwendet, um beim Meditieren und Beten Ruhe vor Insekten zu haben. Nelke wird auch als Energieverstärker und zum Erreichen von finanziellem Erfolg verräuchert.

Opoponax

Botanischer Name: Opoponax chironicum Koch, Opoponax persicum
Pflanzenfamilie: Apiaceae (Umbelliferae) – Doldenblütler

Das echte Harz von Opoponax ist heute im Handel so gut wie nicht mehr erhältlich. Der Baum soll im Mittelmeerraum wie auch im Nahen Osten heimisch sein. Als Räucherwerkszutat war es in alten Zeiten sehr geschätzt, wird aber heute durch eine Myrrhenart ersetzt: die Bisabol-Myrrhe.

Man nennt sie auch die süße oder die falsche Myrrhe (im englischen heißt sie oft »sweet bdellium«). Die Stammpflanze heißt höchstwahrscheinlich Commiphora erythraea. Den Namen erhielt sie durch den Gehalt des Inhaltsstoffes Alpha-Bisabolin, der den Geruch bestimmt. Sie kommt in Nordostafrika, Somalia und Kenia vor und hat einen etwas weicheren Duft als die echte Myrrhe. Die Wirkung von Opoponax ist der von Myrrhe sehr ähnlich.

Patchouli

Botanischer Name: Pogostemon cablin
Pflanzenfamilie: Labiatae – Lippenblütler

Der minzeartig aussehende Strauch wächst in Indonesien, China sowie auf den Philippinen und Madagaskar. Sein holziger, erdiger, warmer und krautig-herber Duft ist eine hervorragende Abrundung für viele Räuchermischungen. Man verwendet das fermentierte und getrocknete Kraut.

Beim Räuchern hilft uns Patchouli, unsere engen Grenzen zu durchbrechen und Altes, Vergangenes loszulassen. Es wehrt negative Einflüsse von uns ab, gleicht unsere seelischen Kräfte aus und bringt uns auf den Boden der Gegenwart. Patchouli gilt auch als aphrodisierend. Nebenbei wirkt der Rauch gegen Motten. Ein gutes Räuchermittel für ängstliche und unsichere Menschen.

Perubalsam

Botanischer Name: Myroxylon balsamum Harms var. pereiae
Pflanzenfamilie: Fabaceae – Schmetterlingsblütler

Der bis zu 16 Meter hoch wachsende Baum gedeiht nicht in Peru, sondern in Mexiko. Schon die Azteken verwendeten den weich und süßlich nach Vanille riechenden Perubalsam als Räuchermittel. Er wurde als Allheilmittel gepriesen und z. B. bei Wunden, Geschwüren oder Erkältungskrankheiten als Rauch über die befallenen Körperteile geblasen oder inhaliert.

Anders als die meisten Baumharze ist Perubalsam flüssig und sollte deshalb mit etwas Sandelholz, Zedernholz oder Aloeholzpulver vermengt werden, bevor wir damit räuchern.

Dadurch wird sein Duft feiner und milder. Er läßt sich gut für Liebesräucherungen, Besinnungsräucherungen, Opferräucherungen und Anrufungen verwenden. Der anfangs etwas intensive Rauch verflüchtigt sich relativ rasch und zurück bleibt ein sehr angenehmer, lange anhaltender vanilliger Duft.

Pfeffer

Botanischer Name: Piper nigrum
Pflanzenfamilie: Piperaceae – Pfeffergewächse

Stammt ursprünglich aus den Wäldern der Malabarküste Vorderindiens, wird aber heute in fast allen Tropengegenden angebaut. Im Gegensatz zu dem schwarzen Pfeffer, der unreif geerntet wird und ungeschält bleibt, wird der weiße Pfeffer reif geerntet und geschält. Da er beim Räuchern ziemlich beißend wird, sollte er nur gemischt und in kleinen Dosen verwendet werden.

Pfeffer wirkt leicht aphrodisierend, regt die geistige Aktivität an und wärmt die Seele von gefühlskalten Menschen. Durch seine Schärfe gilt er auch als hervorragender Reiniger von negativen Schwingungen. Bei Liebesritualen wird er gerne mitverwendet, um eine festgefahrene Situation aufzulösen.

Pfefferminze

Botanischer Name: Mentha piperita
Pflanzenfamilie: Labiatae – Lippenblütler

Es gibt viele Minzesorten, und sie alle haben beim Räuchern eine ähnliche Wirkung: Minze reinigt und schärft unseren

Geist, beruhigt die Nerven, hält böse Geister fern und zieht positive Erlebnisse an. Während Minze bei Plinius als erotisierend beschrieben wird, hält sie die moderne Parfümerie für anti-erotisch. Minze hilft auch, die Raumluft zu klären und zu energetisieren.

Rhododendron

Botanischer Name: Rhododendron lepidotum wall.
Rhododendron anthopogon don
Pflanzenfamilie: Ericaceae – Heidekrautgewächse

Die bei uns bekannten Rhododendronarten (insgesamt gibt es über 1300 Arten) kommen in den Alpen und den Pyrenäen vor und werden auch »Almenrausch« oder Alpenrose genannt.

Zum Räuchern wird nur die nepalesische Hochgebirgsform verwendet, deren Blätter und Zweige angenehm frisch und harzig-würzig duften.

Besonders die getrockneten Blätter werden in Tibet und Nepal für spezielle Räuchermischungen verwendet.

Eine Rhododendronräucherung wehrt böse Geister und Krankheiten von uns ab. Er wirkt läuternd auf unsere negativen Eigenschaften und verbindet uns mit den geistigen Welten. Leider ist der nepalesische Hochgebirgs-Rhododendron zum Räuchern bei uns nur sehr schwer erhältlich. Für tibetische Buddhisten ist er ein absolutes Muß in der Räucherwerkssammlung.

Rose

Botanischer Name: Rosa damascena, Rosa centifolia und andere Duftrosen
Pflanzenfamilie: Rosaceae – Rosengewächse

Die Rose steht in allen Kulturen für Herzensliebe, Herzöffnung, liebevolle Zuneigung und inneren Frieden. Beim Räuchern unterstützt sie uns, auch uns selbst annehmen zu können, und sie hilft beim Loslassen schmerzhafter Erinnerungen. Leider verliert die Rosenblüte beim Räuchern ihren feinen blumigen Duft und entwickelt sich nicht sehr blumig oder zart. Für guten Rosenduft etwas Sandelholzpulver mit einigen Tropfen echtem ätherischen Rosenöl beträufeln und dann verräuchern.

Rosenholz

Botanischer Name: Aniba rosae odora
Pflanzenfamilie: Lauraceae – Lorbeergewächse

Der sehr alt und groß werdende tropische Baum wächst vorwiegend in Brasilien. Nur altes Holz gilt als wohlriechend. Sein holzig-blumiger Duft wirkt sinnlich, entspannend und anregend zugleich. Für unsichere Menschen mit wenig Selbstvertrauen ist das Verräuchern von Rosenholz sehr hilfreich. In einigen japanischen Räucherstäbchen wird auch heute noch das Pulver von Rosenholz eingesetzt. Bei uns ist der Rohstoff nicht leicht erhältlich (gilt als Tropenholz).

Rosmarin

Botanischer Name: Rosmarinus officinalis
Pflanzenfamilie: Labiatae – Lippenblütler

Rosmarin ist eines der ganz alten Räuchermittel. Er eignet sich sehr gut für Naturräucherungen, zur Abwehr von negativen Geistern und Einflüssen und erleichtert die Kommunikation mit Naturgeistern. Rosmarin war schon im alten Ägypten und Rom zum Ausräuchern von Häusern und bei Zeremonien sehr beliebt. »Rosmaris«, der »Tau des Meeres«, ist klärend, erfrischend, reinigend (auch antibakteriell) und regt unseren Geist an. Er kann leicht selbst gezogen werden. Rosmarin gilt auch als Schutzpflanze, wenn er vor dem Haus aufgestellt wird.

Safran

Botanischer Name: Crocus sativus
Pflanzenfamilie: Iridaecae – Irisgewächse

Die zarten gelben Blütenstengel gelten als eine der edelsten, aber auch teuersten Räucherzutaten. In guten ayurvedischen Räuchermischungen ist Safran häufig enthalten.

Sein Rauch soll unsere Wahrnehmung für die feinstoffliche Welt sensibilisieren und wirkt auf unser Gemüt harmonisierend und aufbauend. Safran ist gut für Menschen, die sich schwer tun, bei der Meditation die materiellen Gedanken und Bindungen loszulassen. Am besten in Mischungen verwenden, da dieser Räucherstoff sehr kostspielig ist.

Sage

Botanischer Name: Artemisia californica (Steppenbeifuß), Artemisia douglasiana, Artemisia fridenatata (Wüstenbeifuß) und andere
Pflanzenfamilie: Asteraceae – Korbblütler
Andere Bezeichnungen: Beifuß

Bei Sage handelt es sich nicht immer um Salbei, was eigentlich die deutsche Übersetzung aus dem Englischen wäre.

Die Mehrzahl der von den Indianern unter diesem Namen verwendeten Räucherstoffe sind Beifußarten. Je nach Gebiet wird »white Sage« (eine Salbeiart) oder eine der verschiedenen Beifußsorten für Reinigungszeremonien, Geisteraustreibungen oder bei Gebetsritualen verwendet.

Auch in der Naturmedizin wird Sage von den Indianern für viele Behandlungen genutzt. Es gilt als das wichtigste Räuchermittel der Indianer und darf bei keiner Schwitzhüttenräucherung fehlen.

Erst durch das etwas stärker werdende Interesse der Europäer an der traditionellen indianischen Kultur setzt sich Sage als Räucherstoff auch hier bei uns durch, ist aber immer noch recht schwer zu bekommen.

Salbei

Botanischer Name: Salvia officinalis
Pflanzenfamilie: Labiatae – Lippenblütler

Salbei wurde, ähnlich wie Rosmarin, schon in den ältesten Räucherzeremonien verwendet. Sein klärender starker Rauch wird gerne zum Reinigen von Häusern, Gegenständen oder Gärten verwendet. Wegen seiner stark antiseptischen Wirkung räucherte man früher auch Krankenzimmer mit Salbei. Er wirkt stärkend, reinigend, klärend und stabilisierend. Wir können ihn, ähnlich wie Rosmarin, ganz leicht im Garten oder auf dem Balkon selber ziehen, die getrockneten Blüten vermahlen und zum Räuchern verwenden.

Sandarac

Botanischer Name: Tetraclinis articulata
Pflanzenfamilie: Cupressaceae – Zypressengewächse

Dieser Baum wächst in Algerien, Marokko, Tunesien und Malta. Bestimmte Arten kommen auch in Australien vor. Beim Räuchern wird das Harz verwendet, das meistens in länglichen, hellgelben Tränen gerinnt. Sein Duft erinnert an Mastix und ist angenehm harzig, frisch und klärend.

Man verwendet Sandarac-Räucherungen auch heute noch in Arabien zur Behandlung von Atemwegserkrankungen.

Es ist sehr gut bei Reinigungs- oder Nervenstärkungsmischungen anzuwenden. Am besten wird es gemischt (z. B. mit Benzoe und Sandelholz), da es alleine recht heftig raucht.

Sandelholz

Botanischer Name: Santalum album (ostindisch), Amyris balsamifera (westindisch)
Pflanzenfamilie: Santalaceae – Leinblattgewächse (ostindisch), Rutaceae – Rautengewächse (westindisch)

Der immergrüne Sandelholzbaum wird in ganz Südostasien gefunden, kommt aber auch in Venezuela, Jamaica und Haiti vor. Man unterscheidet zwei Arten: Das ostindische und das westindische Sandelholz ist von unterschiedlicher Qualität. Die edelsten Hölzer kommen aus der ostindischen Provinz Mysore, müssen über 30 Jahre alt sein und sind sehr teuer. Westindisches Sandelholz kommt aus Venezuela, Jamaica und Haiti, duftet süßlicher, ist etwas dunkler (leicht rötlich) in der Farbe und jünger. In ganz Asien ist es für die Herstellung von Räucherstäbchen, Kegeln, Pulvern etc. unentbehrlich.

Sandelholz ist wunderbar lösend und vertiefend bei Meditationen, wird gerne bei Gebeten zur Reinigung und bei Heilungszeremonien verwendet. Auch für Rückführungstechniken in vergangene Leben ist es sehr hilfreich. Sein Duft verfeinert unsere geistige Energie und regt uns an, vorwärtszuschreiten. Da es eine sehr sinnliche Ausstrahlung hat, wird es auch gerne zum Aufbau einer erotischen Stimmung genutzt. Leider ist ostindisches weißes Sandelholz wegen der

Ausfuhrbeschränkungen aus Indien bei uns nur sehr schwer erhältlich.

Stakte

Stakte ist kein Produkt einer eigenen Pflanze, sondern wurde in biblischen Zeiten durch eine spezielle Verarbeitung von Myrrhenharz hergestellt. Frisch geerntetes Myrrhenharz wurde mit etwas Wasser versetzt und dann ausgepreßt. Die dabei gewonnene zähflüssige Masse hatte einen leichteren und feineren Geruch als die normale Myrrhe und wurde deswegen sehr geschätzt und viel teurer gehandelt. Ihr Rauch soll die Seele des Menschen für das Göttliche geöffnet haben.

Stechapfel

Botanischer Name: Datura stramonium L.
Pflanzenfamilie: Solanaceae – Nachtschattengewächse

Der Stechapfel wird bis zu einem Meter hoch, ist einjährig, wächst sehr rasch und gilt als sehr giftig. Beheimatet war er ursprünglich in Mexiko und im östlichen Nordamerika, heute finden wir ihn auch in ganz Europa.

Medizinisch wurde er meistens als Asthmamittel verarbeitet. Wegen seines hohen Gehaltes an Alkaloiden gilt der Stechapfel als Giftstoff und ist nicht frei verkäuflich. Paradoxerweise kann er von jedem ohne Probleme im Garten oder auf dem Balkon gezogen werden.

Die Vergiftungserscheinungen sind ähnlich wie bei der Tollkirsche: Erregungszustände, Kratzen im Hals mit darauf folgenden Lähmungserscheinungen.

Als homöopathisches Mittel ist er auch heute noch erhältlich bei Keuchhusten, Neuralgien oder Asthma. Als Räuchermittel wurde der Stechapfel gerne bei magischen Räucherungen verwendet, z. B. um leichter in eine mediale Ekstase zu fallen. Dieser Stoff ist mit Vorsicht zu genießen; ich persönlich lehne seine Anwendung ab, da es andere und sicherere Methoden gibt, um in Trancezustände zu gelangen.

Sternanis

Botanischer Name: Illicium anistatum, Illicium verum
Pflanzenfamilie: Illiciaceae – Sternanisgewächse (Magnoliengewächse)

Der immergrüne Sternanisbaum wird bis zu 18 Meter hoch und ist in Südostasien heimisch. In ganz Asien wird die zerkleinerte, sternförmige Frucht traditionell als Räucherwerkszusatz verwendet. Der Rauch duftet milde, würzig nach Anis.

Man verwendet Sternanis, um die eigene Sensibilität (z. B. Hellsichtigkeit) zu verbessern und um eine besonders geistige Atmosphäre zu schaffen.

Sehr gut für Anrufungsräucherungen, Schutzräucherungen, Orakelräucherungen und Meditationsräucherungen.

In China und Japan wird er auch gerne in Räucherstäbchen beigemengt. In der Naturheilmedizin wurde Sternanis bei Atemwegserkrankungen, bei Magenproblemen und rheumatischen Beschwerden genutzt.

Sternanis ist besonders in der Weihnachtszeit zusammen mit Zimt, Nelke, Sandelholz und Perubalsam eine herrliche Weihnachtsmischung, die sowohl raumreinigend als auch harmonisierend wirkt.

Styrax

Botanischer Name: Liquidamber orientalis
Pflanzenfamilie: Hamamelidaceae – Styraxgewächse
Andere Bezeichnungen: Storax, Amberbaum

Der Baum sieht aus wie eine Platane, wird bis zu 15 Meter hoch und kommt in Syrien und im südwestlichen Kleinasien vor. Styrax war einer der vier heiligen Räucherstoffe im Alten Testament und wurde bei den Ägyptern als Festduft von göttlichem Ursprung verehrt.

In den orthodoxen Kirchen wird auch das Holz des Styraxbaumes für Räuchermischungen verwendet. Wie bei Benzoe wird die harzige, balsamische Duftnote durch das süßliche Vanillin sehr weich abgerundet.

Beim Räuchern eignet sich Styrax zur Entspannung von geistigen und emotionalen Verspannungen, gibt tiefen Schlaf und vertreibt böse Geister und negative Gedanken.

In der Medizin wurde es als Mittel gegen Bronchitis, Krätze und Verstopfung eingesetzt.

Styrax als flüssiger Balsam riecht sehr heftig nach Lack und Kunststoff, deshalb empfehle ich, in der Anwendung auf das zerkleinerte Holz auszuweichen oder den Balsam mit viel Sandelholzpulver, Zimtpulver und Perubalsam zu vermischen.

Süßgras

Botanischer Name: Hierochloe odorata
Pflanzenfamilie: Poaceae – Süßgräser

Das ca. 90 Zentimeter hoch wachsende Gras ist in Nordamerika beheimatet. Ähnlich wie Sage ist es ein sehr beliebter und häufiger Räucherstoff bei den Indianern. Die getrockneten, langen Stiele werden als Zöpfe geflochten und auch bei uns mittlerweile im Handel angeboten. Beim Räuchern duftet Süßgras angenehm süßlich, heuartig-würzig und nach Vanille. Am besten schneidet man einige kleine Stücke mit einer Schere ab und verräuchert die Stücke auf einer glühenden Kohle. Man kann Süßgras auch sehr gut mit Wacholder, Sage, Zeder oder Thuja zu einer Räuchermischung verarbeiten.

Es wird zum Aufbauen der bedrückten Seele verwendet, zum Reinigen, für Traumräucherungen und es soll positive, helfende Geister anziehen.

Thuja

Botanischer Name: Thuja occidentalis
Pflanzenfamilie: Cupressaceae – Zypressengewächse
Andere Bezeichnungen: Lebensbaum

Der ursprünglich in Amerika heimische Baum wird heute auch bei uns als Zierstrauch kultiviert. Man verwendet die getrockneten Zweigspitzen für Räucherungen.

Traditionell wurde Thuja in Räuchermischungen der Indianer verwendet, um Kontakt mit den Ahnen aufzunehmen. Es wirkt klärend und reinigend und wird meistens in Mischungen zusammen mit Wacholder, Zypresse, Zeder, Salbei und Süßgras verwendet. In geschlossenen Räumen nur sparsam verwenden, da Thuja recht stark auf die Nerven wirken kann.

Thymian

Botanischer Name: Thymus vulgaris
Pflanzenfamilie: Labiatae – Lippenblütler

Der Name läßt sich aus dem Griechischen herleiten: Das Verb »thyein« bedeutete ursprünglich »rauchen, räuchern«; das Substantiv »Minymos« heißt heute »Geist, Mut«, früher ebenfalls »Rauch«. Die Pflanze wurde also nach ihrem kräftigen Geruch benannt.

Eine Räucherung mit Thymian mobilisiert unsere Willenskräfte, unterstützt unsere Abwehr, wirkt sehr stark antibakteriell und anregend. Sehr gut geeignet, wenn wir Konflikte oder Schwierigkeiten meistern müssen. Getrocknetes Thymiankraut sollte in keiner Räuchersammlung fehlen.

Tolu

Botanischer Name: Myroxylon balsamum
Pflanzenfamilie: Fabaceae – Schmetterlingsblütler

Der dunkelbraune bis rötlichbraune Balsam wird durch v-förmiges Einritzen der Rinde aus dem Tolubaum gewonnen. Sein Name kommt von der kolumbianischen Provinz und Stadt Tolu.

Der Baum wird 20 bis 25 Meter hoch und wächst auch in Venezuela und auf den Antillen. Der Duft ist ähnlich wie bei Styrax und Benzoe von Vanillin beeinflußt, nur ist der Rauch etwas weicher.

Wie bei Styrax ist sein Rauch entspannend, lösend, öffnend und zugleich aufbauend und stärkend. Tolu hilft uns, mit unserem Wesen achtsam umzugehen und alte seelische Wunden zu verarbeiten. Sehr gut für Abendräucherungen geeignet. Tolu wurde häufig in Weihrauchmischungen mit eingesetzt, um den scharfen Geruch von Weihrauch und den herben Geruch von Myrrhe zu mildern. Alleine verräuchert ist es recht intensiv süßlich.

Tonkabohne

Botanischer Name: Dipteryx odorata
Pflanzenfamilie: Fabaceae – Schmetterlingblütler

Der Tonkabaum wächst in Afrika, Südamerika (Brasilien) und wird bis zu 25 Meter hoch. Bei dieser Pflanze werden nur die Bohnen beim Räuchern verwendet. Sein Duft ist schwer und angenehm süß und würzig.

Am besten verwendet man zerkleinerte (am besten geriebene) Tonkabohnen in Mischungen, da sich dann ihre Wirkung und ihr Duft erst optimal entfalten. Er hebt unsere Stimmung und läßt unsere Sorgen und Ängste mit dem Rauch davonziehen. Gut zu mischen mit Weihrauch, Benzoe, Sandelholz, Myrrhe, Mastix, Sandarac.

Verbena

Botanischer Name: Verbena officinalis
Pflanzenfamilie: Verbenaceae – Eisenkrautgewächse

Verbena wird meistens nur in Mischungen verwendet und soll beim Wahrsagen, beim Reinigen und zum Schutz vor negativen Einflüssen wirksam sein. Es wird auch in Räucherritualen für materiellen Erfolg eingesetzt. Nicht zu verwechseln mit dem Eisenkraut, welches in der Aromatherapie verwendet wird (= lippia citriodora)! Sein Duft ist nicht sehr fein, und deshalb ist es am besten gemischt zu verwenden (z. B. mit Kamille und Melisse).

Von den keltischen Druiden wurde Verbena auch Traumkraut genannt, da sein Rauch Wachträume verursachen soll.

Vetiver

Botanischer Name: Vetiveria zizianoides
Pflanzenfamilie: Poaceae – Süßgräser

Von diesem bis zu einem Meter hoch wachsenden Gras werden zum Räuchern die zerkleinerten Wurzelteile verwendet. Der Duft ist holzig, herb, erdig und moosartig.

Beim Räuchern ist Vetiver sehr gut für Besinnungszeremonien, da es uns hilft, die Zusammenhänge unseres irdischen Daseins besser zu verstehen und unseren Blick für das Wesentliche im Leben zu schärfen. Auch bei Räucherungen für Verstorbene oder wenn wir in geistigen Belangen sehr sensibel reagieren, ist es sehr hilfreich.

Vetiver ist gut zu mischen mit Eichenmoos, Labdanum, Benzoe, Myrrhe, Weihrauch, Zyperngras, Sandelholz und Jambulrinde.

Wacholder

Botanischer Name: Juniperus communis
Pflanzenfamilie: Cupressaceae – Zypressengewächse

Meist wächst der bei uns heimische Wacholder als flacher Strauch. Zum Räuchern eignen sich Zweige, Stamm und auch die getrockneten Wacholderbeeren (sie gelten als starke Lichtenergieträger). Beim Räuchern vertreibt er böse Geister, soll vor Unfällen schützen und stärkt unsere Achtsamkeit und unseren Mut. Wacholder ist gut für Reinigungs-, Schutz-, Anrufungs- und Naturräucherungen geeignet. Er mischt sich mit allen anderen Räucherstoffen sehr gut.

Weihrauch

Botanischer Name: Boswellia carteri, Boswellia sacra
Pflanzenfamilie: Burseraceae – Balsambaumgewächse
Andere Bezeichnungen: Olibanum

Im Englischen wird er »frank-incense« genannt, vom lateinischen Wort »incensum« – das Angezündete. Der kleine, gedrungene Weihrauchbaum kommt hauptsächlich in Somalia, Südarabien und Ägypten vor. Je nach Größe und Farbe der Harzbrocken ergeben sich verschiedene Qualitätsgrade und Preislagen. Weihrauch ist eines der bekanntesten Räuchermittel weltweit und wird auch heute noch häufig verwendet. Er wird zu den milde berauschenden Räuchermitteln gezählt, und es soll bei Ministranten immer wieder zu Suchtanfällen gekommen sein. Man nimmt an, daß beim Räuchervorgang durch die Reaktion zweier chemischer Inhaltsstoffe (Olivetol mit Verbenol) der Haschischwirkstoff Tetrahydrocannabinol entsteht. Wenn man sich nicht täglich mit dicken Weihrauchschwaden einnebelt, ist diese Suchtreaktion jedoch unwahrscheinlich, zumal diese Nebenwirkung noch nicht bewiesen ist.

Weihrauch gilt in alten okkulten Schulen als bestes Mittel für Weihe, Segnung, Reinigung und Schutz. Sein Rauch soll auch Wohlstand und Erfolg herbeiführen. Weihrauch ist als Vermittler zwischen materieller und geistiger Welt bekannt und zeigt uns die Vision unseres Weges in die Zukunft. Für viele Menschen ist er schwer zu akzeptieren, weil er uns wie ein klarer Spiegel zeigt, wo wir im Geistigen gerade stehen. Bei dem Geschenk an das Jesuskind symbolisierte Weihrauch Heiligkeit.

Medizinisch wurde Weihrauch in unzähligen Anwendungen genutzt, z. B. bei Krebs, Tumoren, Wunden, Verhärtungen von Leber, Milz und Magen, bei Warzen, Entzündungen, Bronchialproblemen, Menstruationsbeschwerden.

Wermut

Botanischer Name: Artemisia absinthium
Pflanzenfamilie: Asteraceae – Korbblütler

Der bis zu einem Meter hohe Busch wird leicht mit Beifuß verwechselt.

Wermut ist klärend und sensibilisierend für unseren Geist. Man kann Wermut gut mit Lorbeer, Safran, Rosmarin und Beifuß gemischt für Orakelzeremonien verwenden. Auch bei Schutzzeremonien ist diese Räuchermischung sehr wirksam. Allein wird Wermut eher selten verwendet, da er sehr stark auf unsere Nerven wirkt. Sein Duft ist intensiv würzig.

Ysop

Botanischer Name: Hyssopus officinalis
Pflanzenfamilie: Labiatae – Lippenblütler

Bei den Hebräern galt der blaublühende Ysop als das heilige Kraut. Ob damit nur der Ysop gemeint war, ist zwar eher zu bezweifeln, doch gilt er als sehr gut reinigend, klärend und erfrischend. Er kann in Räucherungen zum Klären unserer Gefühle und Motive zusammen mit Zypresse, Weihrauch und Zeder verbrannt werden. Beim Reinigen und Segnen von Räumen, Gegenständen und Gärten wie auch bei Anrufungszeremonien ist er sehr wirksam.

Zeder

Botanischer Name: Cedrus atlantica (Atlaszeder), Cedrus libani (Libanonzeder), Cedrus deodora (Himalajazeder), Juniperus virginiana (Rote texanische Zeder)
Pflanzenfamilie: Pinaceae – Kieferngewächse

Dieser immergrüne, bis 30 Meter hohe Nadelbaum mit seinen ausladenden Ästen wächst in recht kargen Gebieten und steht für Kraft, Ausdauer und Würde. Zeder gilt als eine der ganz alten, wichtigen Räucherzutaten und war in fast allen Kulturen gebräuchlich.

Bei Räucherungen wirkt Zeder stärkend, harmonisierend, aufbauend und klärend. Sie soll auch unser Ansehen, unseren Mut, Wohlstand und unsere Ehre fördern. Man kann Zedernholzstücke zum Räuchern verwenden, das Holzpulver oder Flocken sind aber milder und feiner.

Zimt

Botanischer Name: Cinnamomum ceylanicum
Pflanzenfamilie: Lauraceae – Lorbeergewächse

Der Zimtbaum ist vor allem in Sri Lanka heimisch und wächst hauptsächlich in der Nähe von Gewässern, da die Pflanze viel Grundwasser benötigt. Die für das Räuchern benötigte Rinde stammt von Schößlingen, die sich an den Stümpfen der abgeschlagenen Stämme bilden.

Beim Räuchern ist Zimtrinde gut, um Räume zu segnen, sie soll Glück und Erfolg anziehen und negative Schwingungen fernhalten. Sie wärmt unsere Seele und hilft uns, Verkrampfungen, Ängste und Gefühle der Einsamkeit zu überwinden.

Zimtrinde ist in vielen edlen asiatischen Räuchermischungen enthalten; unter anderem, weil sie hilft, die Insekten fernzuhalten und auch stark antibakteriell wirkt.

Zyperngras

Botanischer Name: Cyperus rotundus, Cyperus langus
Pflanzenfamilie: Cyperaceae – Riedgrasgewächse

Von dem bis zu 120 Zentimeter hoch wachsenden Gras werden zum Räuchern, ähnlich wie bei Vetiver, die zerkleinerten und getrockneten Wurzeln verwendet. Es wächst in sumpfigen Gebieten in Ägypten. Der Duft beim Räuchern ist erdig, würzig und etwas herb.

Zyperngras wurde schon in den ältesten bekannten Kulturen als Räucherwerk bei Opferungen, zur Weihe von Räumen und bei Sterberitualen verwendet. Ähnlich wie bei Vetiver kann es auch gut bei Besinnungszeremonien eingesetzt werden, nur ist Zyperngras bei uns leider sehr schwer zu beschaffen.

Zypresse

Botanischer Name: Cupressus sempervirens
Pflanzenfamilie: Cupressaceae – Zypressengewächse

Der immergrüne, bis zu 25 Meter hohe Nadelbaum war ursprünglich in Kleinasien heimisch, wird aber heute im ganzen Mittelmeerraum kultiviert. Seine aufstrebenden Äste erinnern im Gesamtbild an eine Flamme oder Pfeilspitze, die zum Himmel emporzeigt. Häufig stehen Zypressen in der Nähe von Friedhöfen, als sollten ihre Zweige den Verstorbenen den Weg in die Ewigkeit des Alls weisen und die gebeugten Hinterbliebenen wieder aufrichten.

Zypresse wird für Schutzräucherungen, bei Segnungen wie auch für Glück und Reichtum eingesetzt. Sie wirkt klärend, festigend und stärkend auf unseren Charakter. Speziell labilen, ängstlichen Menschen sind Räuchermischungen mit Zypresse und Zeder sehr zu empfehlen.

Kontaktadresse

Sollten Sie Schwierigkeiten bei der Beschaffung von Räucherwerk und Zubehör haben, können Sie sich an mich wenden. Ich bin Ihnen gerne dabei behilflich, Bezugsquellen in Ihrer Region zu finden, und biete selbst Rohstoffe und Räuchermischungen zum Verkauf an.

Des weiteren informiere ich Sie gerne über Veranstaltungen und Seminare über das Räuchern.

Fred Wollner
Marienstraße 5
87448 Waltenhofen
Tel. 0831-202188
Fax 0831-202187

Literaturverzeichnis

Bagavadgita. Reclam Verlag, Stuttgart 1955

Bechert, Heinz, Gombrich, Richard: *Der Buddhismus. Geschichte und Gegenwart.* C. H. Beck Verlag, München 1995

Bibel (Die): *Das Alte und das Neue Testament*

Bodhidharma: *Der Weg des Zen.* Theseus Verlag, Zürich/München 1990

Caland, Marianne: *Weihrauch und Räucherwerk.* Windpferd Verlag, Aitrang 1992

Deschner, Karlheinz: *Abermals krähte der Hahn.* Rowohlt Verlag, Hamburg 1972

Dogen Zenji: *Shobogenzo Suimoniki.* Theseus Verlag, Zürich/München 1992

Eberhard, Wolfram: *Lexikon Chinesischer Symbole.* Diederichs Verlag, München 1990

Eckhart (Meister): *Traktate und Predigten.* Carl Hanser Verlag, München 1979

Fischer-Rizzi, Susanne: *Poesie der Düfte.* Joy Verlag, Sulzberg 1989

Fischer-Rizzi, Susanne: *Himmlische Düfte.* Hugendubel Verlag, München 1989

Fischer-Rizzi, Susanne: *Botschaft an den Himmel.* Hugendubel Verlag, München 1996

Das Gilgamesch-Epos. Reclam Verlag, Stuttgart

Kiyoko Morita: *The book of incense:* Kodansha Publishers, Tokyo 1992

Krumm-Heller, Arnold: *Die Magie der Duftstoffe.* Richard Schikowski Verlag, Berlin 1955

Lao Tse: *Tao Te King.* Reclam Verlag, Stuttgart 1987

Martinetz, Dieter, Lohs, Karlheinz, Jansen, Jörg: *Weihrauch und Myrrhe.* Wissenschaftliche Verlagsgesellschaft, Stuttgart 1989

Miller, Richard: *Das magische Parfum.* Aurum Verlag, Braunschweig 1991

Ohloff, Günther: *Irdische Düfte – himmlische Lust.* Birkhäuser Verlag, Basel 1992

Pahlow, Manfried: *Das große Heilkräuterbuch.* Gräfe und Unzer Verlag, München 1993

Rätsch, Christian: *Räucherstoffe – Der Atem des Drachens.* AT-Verlag, Aarau 1996

Rovesti, Paolo: *Auf der Suche nach den verlorenen Düften.* Hugendubel Verlag, München 1995

Sei Shonagon: *Das Kopfkissenbuch der Hofdame Sei Shonagon.* Manesse Verlag, Zürich 1992

Szekeley, Edmond: *Essener Erinnerungen Buch 1,2,3.* Bruno Martin Verlag, Südergellersen 1979

Thieme, Paul (Hrsg.): *Upanischaden.* Reclam Verlag, Stuttgart 1990

Wittgenstein, Ludwig: *Tractatus logicus philosopicus.* Suhrkamp Verlag, Frankfurt 1963

Wollner, Fred: *Naturparfumführer.* Eigenverlag 1992

Wollner, Fred: *Räucherwerk und Ritual.* Eigenverlag 1992

Wollner Fred: *Duftführer.* Eigenverlag 1992

Register